映画「夜明けを信じて。」が描く

「救世主の目覚め」

仏陀、中山みきの霊言

RYUHO OKAWA
大川隆法

まえがき

わずか二年ぐらいで、同じ原作者が、前作では届かなかったものを表現するために、巨費を投じて、ほぼ同じ製作メンバーと映画を創《つく》り直すということは、映画業界では珍《めずら》しいことだろう。しかし、どうしても、それをやりとげたかった。そうした信念がフツフツと湧《わ》いてきた。

本書はその製作過程で、天上界より受けた意見の一部を紹介して、映画「夜明けを信じて。」が今秋《こんしゅう》、十月十六日全国ロードショーとしてかかる理由を説明したものである。他にも発表してはいないが、学生時代の友人たちや、会社時代の友人、知人たちの守護霊意見を、製作の参考としてとり入れた。

赤羽監督には、ご苦労をかけたが、「救世主としての目覚め」とはどういうものか。一切の妥協《だきょう》を排して追求してみたかったのである。出来上がった作品は明らかに前作を凌駕《りょうが》していると思う。本書の読者が、さらなる映画ファンへとなられることを祈念している。

二〇二〇年　八月十五日

幸福《こうふく》の科学《かがく》グループ創始者兼総裁《そうししゃけんそうさい》　大川隆法《おおかわりゅうほう》

映画「夜明けを信じて。」が描く「救世主の目覚め」　目次

5 映画「夜明けを信じて。」に盛り込《こ》むべきポイント

第2章　中山《なかやま》みきの霊言

二〇一九年二月二十二日　収録
幸福の科学 特別説法堂にて

2　「孤独《こどく》なヒーロー像」を映画でどう描くか　109

3　身近で見てきた本当の人物像について　122

〈付録〉サム・ライミ監督守護霊《かんとくしゅごれい》の霊言

二〇一九年二月二十三日　収録
幸福の科学　特別説法堂にて

3 サム・ライミが映画「夜明けを信じて。」をつくるなら　161

第二部　映画「夜明けを信じて。」楽曲《がっきょく》歌詞

第一部　映画「夜明けを信じて。」参考霊《れい》言《げん》

〈映画「夜明けを信じて。」ストーリー〉

一九九一年七月十五日、東京ドーム。この日、宗教家・一条悟《いちじょうさとる》の大講演会が始まろうとしていた。

マスコミも大々的に報じ、日本中が注目する一大イベントの模様をレポートしているアナウンサー・立花美穂《たちばなみほ》。そのテレビ画面を見ている裁判官の水瀬千晶《みなせちあき》。そして郷土《きょうど》の母や学生時代の友。さらにかつての会社員時代の同僚《どうりょう》や上司たち。それぞれの胸に去来《きょらい》する悟との日々が回想される——。

四国の小さな町に生まれ、一流大学を経《へ》て大手商社に就職。若くして社長候補と期待されるエリートの道を歩みながら、突然退職し、姿を消した一条悟。

なぜ彼は、約束された将来を捨て去り、宗教家になることを選んだのか。どうして愛する人たちにも何も告げずに、ただ一人往《ゆ》くことを決めたのか――。

そして、いよいよ大講演会の幕が上がり始める。

〔第一部　霊言《れいげん》収録の背景について〕＊編集注

第一部に収録されている「仏陀《ぶっだ》の霊言《れいげん》」「中山《なかやま》みきの霊言」「サム・ライミ監督守護霊《かんとくしゅごれい》の霊言」は、二〇二〇年十月十六日公開の映画「夜明けを信じて。」の構想段階で、原作の一部として、映画製作の可能性や方向性等を探《さぐ》るために収録されたものです。

映画「夜明けを信じて。」は、幸福の科学グループ創始者である大川隆法総裁をモデルとし、四国の小さな町に生まれた青年が、霊的世界の真実に目覚め、さまざまな人生経験を積み、やがて宗教家として、救世主として立つまでの心の軌跡《きせき》を描《えが》いた作品です。二〇一八年公開の映画「さらば青春、されど青春。」でも同時期の出来事を題材としていましたが、今回の「夜明けを信じて。」は、精神性、宗教性、リアリティ等の面で内容の厚みを大幅《おおはば》に増して、単なるリメイクを超《こ》えた、まったく新たな映画としてつくり直されたものです。

第1章「仏陀の霊言」、第2章「中山みきの霊言」では、映画製作の意義や基本コンセプト、前作では描き切れなかった点等を明らかにしつつ、主人公のモデルである大川隆法総裁の当時の実像に迫《せま》ります。

こうした、さまざまな霊人《れいじん》の霊言等を通した綿密な調査・探究をもとに脚本《きゃくほん》を練り込《こ》み、まとめ上げていることも、幸福の科学の映画の特徴《とくちょう》の一つです。

付録の「サム・ライミ監督守護霊の霊言」は、映画作品としてのストーリー構成について、映画監督の視点からの参考意見を聞くために収録されたものです。そのため、霊人からの意見として、いわゆるフィクションに当たる内容や、最終的に作品に反映されなかったアイデア段階の提案等も多く含《ふく》まれますが、霊的世界と交流しながら製作される幸福の科学映画の成立過程を明らかにするという趣旨《しゅし》のもと、あえて公開するものです。

「霊言現象《れいげんげんしょう》」とは、あの世の霊存在の言葉を語り下ろす現象のことをいう。これは高度な悟《さと》りを開いた者に特有のものであり、「霊媒現象《れいばいげんしょう》」（トランス状態になって意識を失い、霊が一方的にしゃべる現象）とは異なる。外国人霊の霊言の場合には、霊言現象を行う者の言語中枢《ちゅうすう》から、必要な言葉を選び出し、日本語で語ることも可能である。

なお、「霊言」は、あくまでも霊人《れいじん》の意見であり、幸福の科学グループとしての見解と矛盾《むじゅん》する内容を含《ふく》む場合がある点、付記しておきたい。

第1章　仏陀《ぶっだ》の霊言《れいげん》

二〇一九年二月二十二日　収録
幸福の科学　特別説法堂《せっぽうどう》にて

ゴータマ・シッダールタ（仏陀《ぶっだ》）

約二千五、六百年前に、現在のネパールで生まれた仏教の開祖。当時、その周辺地域のカピラヴァスツを治めていた、釈迦《しゃか》族のシュッドーダナ王（浄飯王《じょうぼんのう》）とマーヤー夫人《ぶにん》（摩耶《まや》夫人）の子として生まれる。王子として育てられるも、道を求めて二十九歳《さい》で出家《しゅっけ》し、三十五歳で大悟《たいご》。鹿野苑《ろくやおん》で最初の説法《せっぽう》（初転法《しょてんぽう》輪《りん》）を行《おこな》って以降、八十歳で入滅《にゅうめつ》するまでインド各地で法を説き続けた。その後、仏教は世界宗教となる。「釈迦牟尼世尊《しゃかむにせそん》」（「釈迦族の偉大《いだい》な方」の尊称《そんしょう》）を略して「釈尊《しゃくそん》」と呼ばれる。

［質問者二名は、それぞれA・Bと表記］

1　映画「夜明けを信じて。」の製作は可能か

質問者A　それでは、スタートします。

大川隆法　はい。「映画『夜明けを信じて。』を製作することは可能か」ということに関して、質問を受けて答えるかたちでヒント等を得たいと思っています。製作前のガイダンスか考え方、あるいは難しいところとか、そういうものでも明らかにできれば、今日はとりあえず、それでもよいかと思っています。

それでは、仏陀《ぶっだ》のほうから、前作「さらば青春、されど青春。」を製作して映画を観《み》た感想を、まず聞いてみましょうか。感想を聞けば、「どこを変えるべき

か」が出てくることと思いますので、まず感想を聞いてみたいと思います。仏陀よ、先の「さらば青春、されど青春。」の感想を聞きたいと思います。どういうふうに、上映された映画を観たでしょうか。

（約五秒間の沈黙《ちんもく》）

2　映画「さらば青春、されど青春。」で描《えが》けなかったこと

前作では「悟《さと》りを求める姿勢」が描けていなかった

仏陀　仏陀です。

質問者Ａ　いつもありがとうございます。映画「さらば青春、されど青春。」について、まずお伺《うかが》いしたいと思います。

仏陀　まあ、●トラブルをたくさん引き起こしましたので、やはり、「二千五百年に一回のこと」というのは、そんな簡単なことではなかったということですね。

●トラブルを……　『直撃インタビュー 大川隆法総裁、宏洋問題に答える』（幸福の科学総合本部編、幸福の科学出版刊）等参照。

日常生活のなかで起きるようなことではなくて、本当は、「三千年に一回咲《さ》く優《う》曇華《どんげ》の花」であって、普通《ふつう》のことではなかったということですね。

だから、単なる「会社の退社・独立」のような話であってはならなかったということですね。そのへんが、まだ届いてはいなかったのかなという感じはしています。本当に「三千年に一回ぐらいのことなんだ」ということ、そのへんの重みを十分に知っていなければいけなかったでしょうね。

あれで言うと、「地方から来て何も分からない青年が、本だけ読んでいたら、急に霊《れい》がかかって、商社マンをしていたけれども、辞《や》めて立つことになりました」という、要するに、それだけの話ではあるんだけどね。

やはり、役者がね、「悟《さと》りを求める姿勢」のところを描《えが》けていないというところが致命《ちめい》的でしたね。その姿勢がなくして、ありえるわけがないので。まったくそれが描けていなくて、ちょっと難しそうな本をいっぱい並べて読んでおれば、だから、〝古本屋の店主〟でもやっておれば、悟れそうな感じでしたかな、あれでは。

それは違《ちが》うのではないですかねえ。

私のほうから観《み》てのいちばんのところは、やはり、「悟りを求める姿勢」が、映像としては描けていなかったのではないかなと。

「正直に言って、まだエンタメにしかすぎないという感じ」

仏陀　というか、むしろ、視点は「恋愛《れんあい》もの」になっていて、下品な恋愛をちょっと上品にするぐらいのところですかね。〝本の虫〟だったのが、ちょっと女性に目覚めたぐらいの感じですか。これを「悟り」と呼ぶなら、やはり、違う方向に行っている感じですね。

質問者Ａ　（役づくりを）聞いていると、童貞男《どうてい》を演じておけばよいのではないかというような……。

仏陀　でしょう？　「それが、女にちょっと目覚めて」みたいな感じでしょう？「でも、やっぱり、本の世界を取ってみたら、なんで未来がこんなになるのかが分からない」という。

まあ、結局は、「悟りの世界」ではなくて、まだ……、何ですかねえ、現実の混沌《こんとん》？「混沌の世界」から抜《ぬ》けてはいなかったのではないでしょうかね。

だから、最後の、「経済的に苦しむから、どうのこうの」というような感じの、その迷いの部分も、現在、それを主演した人が陥《おちい》っている状況《じょうきょう》そのものになっていて、「それが悟りだ」と思っているようなところがあったのではないでしょうかね。

まあ、私などから見ると、「三千年に一回起きることというのは、そういうものではない」ということを、もうちょっと知ってほしかったかなあ……。うーん……。

そういう意味では、あのレベルでも、まだエンタメにしかすぎないという感じですかね。正直に言ってね、エンタメかな。エンタメですよ。

でも、エンタメでも、すごく浅いエンタメで、「ちょっと遅《おそ》く来た青春で、本ばかり読んでいた人が、年が行って社会人にもなって、ちょっと恋《こい》に目覚めて執《しゅう》着《ちゃく》して、泣きながら別れた」みたいな、まあ、そんな感じですかねえ。

質問者B　そうですね。

仏陀　何か、やはり、意味不明には見えましたね。「なんで、しなくてはいけないの？」という感じですかね。

3 釈尊《しゃくそん》から見た現代の「降魔成道《ごうまじょうどう》」

最後に残ったのは「救世主たりえるか」という内心の葛藤《かっとう》

質問者A　釈尊《しゃくそん》が天上界《てんじょうかい》からご覧になっていた、「降魔成道《ごうまじょうどう》」前後の地上での総裁先生というのは、どのような感じの方だったのですか？

仏陀　ああ……。はああ……（ため息）。

もう、霊言集《れいげんしゅう》を何冊も出したあとですからねえ。それは、うーん……、いや、そうとうなところまで、もう行ってはいたんですよ、考え方はね。「愛の発展段階説」とかも、もう考えていた時期ですからねえ。

●降魔成道　魔を降《くだ》して悟りを開くこと。ここでは、大川隆法総裁が、在家《ざいけ》時代、商社マンとして名古屋支社に勤務していたときに、悪魔と対決し、勝利したことを指す。

質問者A　ああ、それで、社内報に載《の》ったぐらいですものね。

仏陀　ええ。それで、ちょっと社内が驚《おどろ》いていた。「こんな人がいるんだろうか」みたいな感じで驚いていたぐらいで。

「なんでいるんだろう」という感じ？　「こんな人が、なんでこんなところに、要するに、娑婆《しゃば》にいるんだろう」というふうな感じを、社内の人も感じているぐらいのものだった。「なんで、それなのに、一生懸命《いっしょうけんめい》働くんだろう」というような感じだったかね。

だから、そう。いやあ、まあ……、確かに人間的な悩《なや》みが最後にあったのは事実でしょうけど、あの（前作での）「降魔成道」は少し違《ちが》っていたかなあという気はしますねえ。

●**愛の発展段階説**　愛には発展段階があり、それは悟りの段階（あの世の次元構造）と等しいという考え。すなわち、愛には、本能の愛（四次元）、愛する愛（五次元）、生かす愛（六次元）、許す愛（七次元）、存在の愛（八次元）、救世主の愛（九次元）がある。『太陽の法』（幸福の科学出版刊）参照。

うーん……、何だろうねえ。だから、ずーっと、最後に根《こん》を詰《つ》めて考えていたのは、「霊能者」までは自分でも理解はできたけど、「救世主たりえるか」というところに対する、本当に「内心の葛藤《かっとう》」でしたね。

だから、「自分は、そんな完成された人間ではなく、完璧《かんぺき》な人間でもない。そんな自分にそんな役が本当にできるだろうか」というようなことは多かったかもしれませんね。

この世的なエリートコースの延長上に悟《さと》りがあるわけではない

仏陀　それと、この世の修行《しゅぎょう》では、確かに場違いな方向に修行は行きましたのでね。

ただ、それは今、ちょうど、ここで言えば三男などが入っている問題？　まあ、次男もそうかもしれないけど、それと同じで、何か、「この世的にエリートコースに行けば悟《さと》れる」みたいに思っているところは、たぶんあるでしょう？
それではないものなんですよね。だから、「この世的なエリートコースの延長上に悟りがある」と思って求めていったら、それは全然違うところに出てしまうんですよ。

質問者Ａ　そうですね。

仏陀　〝出口〟は、全然違うところなんですよ。

質問者Ａ　「逆に、捨てなければいけない」というところですからね。

仏陀　そうなんですよ。全然違うところに行っているので。

だから、「親孝行できた部分」のところまでの悟りとは、やっぱり、違う方向に行かなければいけないんですよね。まあ、それを何と描《えが》くかのところですかねえ。このへんのところだとは思うんですけどね。

これの精神性を出せるかどうかというのは、これはかなり難しいところですね。むしろ、何と言うか、あえて映画で言えば、辞書をつくっていた人たちの「舟《ふね》を編む」みたいなね。むしろ、「そういうもののなかから、輝《かがや》き出してきたようなもの」でもあったかもしれないかなあという感じですね。

だから、私から見れば、「さらば青春、されど青春。」という映画は、うーん……（約五秒間の沈黙《ちんもく》）。まあ、エンタメですねえ。どうしてもエンタメにしかならないので。やはり、何だろうかねえ……。

全部、だから……、まあ、そういうところもあるんだけれども、「パッシブ」というか「受け身」で、「（霊道《れいどう》を）開《ひら》かされまして、こうなりました」みたいな感じになりすぎていて、うーん……（約五秒間の沈黙）。何か違うんですよね。

「昔の大川総裁は、受け身であってもキレキレだった」と語った母

質問者A　「さらば青春、されど青春。」のあとに、おばあちゃん（大川隆法総裁の母）の守護霊《しゅごれい》様が……。

質問者B　ご本人もおっしゃっていました。

質問者A　あっ、ご本人でしたか。

質問者B　「昔の総裁先生は、全然、あんな（映画「さらば青春、されど青春。」のような）感じではなかった。もっとキレキレだった」と。

質問者Ａ　「もっと、キレッキレだったんだ」と。たぶん、仕事とか、発言とか、頭のよさというか、交渉力《こうしょうりょく》のことなのかもしれないんですけど……。

質問者Ｂ　「あんなふうにヌボーッとして、何もしゃべらないでいる」というのが違うんだそうです。

質問者Ａ　そうそう。その「受け身」というのが、きっと違うところがあるんでしょうね。受け身の自分はいるんだけど……。「なんかキレッキレだったんだよなあ」と言っていました。

仏陀　あれだと、京大に行ったお兄ちゃん（大川隆法総裁の兄）にも届かないレベルですね。京大に行ったお兄ちゃんでも、もうちょっと頭がよかったと思います。

単に受け身であれば、天上界《てんじょうかい》の霊人《れいじん》が来るわけではない

質問者Ａ　ああ、確かに、何か、（総裁先生の）息子《むすこ》たちのなかでも、総裁先生がすごく「受け身」に見えているようなんですよね。今、聞いていても。

質問者Ｂ　確かに、「霊《れい》に言われて宗教を開いた」みたいに思っているのかもしれません。

質問者Ａ　そうそう。たぶん、そう思っているところがあるんですけど、実際は、総裁先生ご自身が、やっぱり、いろいろなもののなかから何かを捨てて、選び取

っているものがあるんですけど……。

仏陀　思想家として、自分で形成していたんですよ。

質問者Ａ　そうそう。

仏陀　「波長同通《はちょうどうつう》の法則」というのはね、やはり、自分が上《のぼ》った高さに応じたものが感応《かんのう》してきているんであって、向こうが勝手に、こう……、何だろうかねえ、凍《こお》った湖の氷に穴を開《あ》けて、そこから釣《つ》り糸を垂《た》らしてワカサギを釣っているような、そんなものではなかったということですよ。

だから、自分の言葉で説けるレベルまで、実は行っているんですよ、本当はね。

質問者A　天上界《てんじょうかい》の霊人《れいじん》たちも、イエス様なども含《ふく》め、みなさんかなり来られていましたけれども、実際は、（総裁先生が）その方たちと、もう意識が同通できるから来られているというだけで……。

仏陀　そうなんです。

質問者A　総裁先生が単に「受け身」だから、来ているわけではないというところですよね。

仏陀　だから、「〝亀《かめ》のごとく〟で、本当に鈍感《どんかん》で遅《おそ》くて、世間《せけん》に疎《うと》くて、時代遅《おく》れでいたため、本ばかり読んでいたら、急に隕石《いんせき》に当たったように降って湧《わ》いた」という考えは間違い。

質問者Ａ　単に無欲で純粋《じゅんすい》な、純朴《じゅんぼく》な少年だから選ばれたわけでも、霊道が開いたわけでもないというところですよね。

仏陀　うん、違うんですよ。

東大に入って立てた「日本一の智者《ちしゃ》たらん」という志《こころざし》

仏陀　それは、まあ、自己評価としてね、厳しかったのはそのとおりだから、低く評価していた面はあったとは思いますよ。

でも、一方ではね、二十歳《はたち》のころにね、「日本一の智者《ちしゃ》たらん」という願《がん》を立てているんですよ、自分で。「日本一の智者たらん」という願を立てているので。

「日蓮《にちれん》がまるで同じような願を立てていた」ということを知ったほうがあとだ

ったんですよ。それより先に、「われ、日本一の智者たらん」という願をもう立てていて。

日蓮が〝三大願文《がんもん》〟というのを立てていましたからね。「われ、日本の柱たらん」「われ、日本の眼目《がんもく》たらん、眼《まなこ》たらん」「われ、日本の大船《たいせん》たらん」という、この三つですね。そして、「われ、日本一の智者たらん」という願ですね。そのように日蓮が願を立てていますけれども、日蓮がそれを立てていたのを知らずに、自分も、「日本一の智者たらん」と思って、東京大学に入っていたので。

東京大学に入って終わりの人もいますが、入らずに、開成《かいせい》中、麻布《あざぶ》中などの御《ご》三家《さんけ》に入って終わりの人もいて、それから、その前の人もまだいっぱいいるけれども、東京大学に入って、「日本一の智者たらん」という志《こころざし》を立てるような人だったというのがどういうことか、考えてみたら分かると思うんですよ。

質問者Ａ　「東大に受かったから、もう目的が達成された」とかいうレベルの人間ではまったくなかったというところですね。

仏陀　そうです。目標は、法学部で成績がいいとか、ただ出世するとかいうレベルではなかったんですよ。「日本一の智者たらん」という目標を持っていた。

質問者Ａ　それはもう、「ゴールがないような世界」でもありますよね。

仏陀　ゴールはないんです。「ゴールがない世界」に戦いを挑《いど》んでいたので。
だから、どうしても、もがいても追いつけない気持ちはあったけど、それでも、「亀のごとく」ではないけど、進んでいくという感じ。この戦いをね、十数年にわたって、実は続けたんですよ。

質問者A　そういう思いも、単に、「そこを霊人から言われたから」というわけではなくて……。

仏陀　そんなレベルではないですね。

質問者A　ご自身で、ちゃんと、そういうことを思い描いているような人物だったということですよね。

仏陀　インドのあたりからヒマラヤに向けてね、五体投地《ごたいとうち》をして前に進んでいく人もいますけどね。それは何年かかるのか知らないけど、そういうことをしている人もいますけど、まるで、それにも似たような気の遠さではあったでしょうね。

4　描《えが》くべき主人公の人物像とは

「自分で諸学問の統合をして、新しい学問を開く」という気持ち

仏陀　おばあさん（総裁の母）が言っているところの、「頭がどうだったか」ということですが、いや、切れるのは、すごく切れていたと思いますよ。とっても切れていたと思っていましたよ。それは、そのとおりだと思います。

ただ、切れることがね、カントではないけれども、いわゆる「批判」になってしまうことがあるところは、苦しんでいた面はあったと思うんですよ。

教授たちの授業を聴《き》いて、「この人は見えていない」というところが見えるという、その切れ方だからね。「何十年も先に勉強した人が見えていないものが、

見えていた」というレベルなので。

質問者A　この間、総裁先生が言われていた、カール・ポパーさんの思想が好きな教授が、「霊界《れいかい》があると言っている人のほうがまやかしで、閉《と》じた世界」と……。

仏陀　そうですね。「まやかしだ」と。「おとぎ話で、人を迷妄《めいもう》に閉じ込《こ》める話だ」と思っているようなことを、教授が平気で授業で言っているわけで。「そういうものを迷信だと取っ払《ぱら》ったら、科学的な未来が開ける」みたいな考え方ですかね。

そういうことが堂々と授業で……、〝最高学府〟と思われた東京大学での授業がそのレベルなのを見て、「これは全然駄目《だめ》だ」ということを分かっていくわけですね。

だから、もう東大でつくべき先生はいないと、だんだんに分かっていって、「自分で諸学問の統合をして、新しい学問を開かなくてはいけない」という気持ちを持って、「新しい学問を開くに当たって、道はもうない」ということは、自分で分かったわけですよ。道はないから、とりあえず、生活する収入は立てながら、自分で道を模索《もさく》するということを考えていたわけなので。

（前作で）あんな〝抜《ぬ》けている男〟のように言っているのは、謙遜《けんそん》で言っているのを真に受けているかもしれないけど、そうではなかったんですよ。

本当に、東京大学の学問を見て、「このレベルでは真理に到達《とうたつ》していない」ということを、はっきりと自覚していたんですよ。

だから、もう自分で行くしかない。でも、何年かかるか分からない。生活は立てなければいけない。生活を立てるために就職はしたけれども、まあ、親に頼《たよ》れないし、就職はしたけれども。

ただ、何て言うか、そちらのほうは、この世的には、「働いている間は、会社のために一生懸命《いっしょうけんめい》働く」という、松下幸之助《まつしたこうのすけ》さんが言っているようなことを実践《じっせん》しつつ、自分の世界をもう一つ持っていた人だということですよね。

「心の世界」が「実相《じっそう》の世界」と見えていた

仏陀　だから、周りから見て、すごく〝ミステリアスな人〟に見えたわけですね。「どうして、この人がここにいるんだろう」という〝非現実に見えた存在〟なんですよ。

だから、ほかの人たちは、霊能力はなかったかもしれないけれども、ある意味で、何かまばゆいものを見たような、非現実のものを見ているような感じは受けていたのだと思うのです。「こんな人が、なんでこういうところにいるんだろうか。いていいんだろうか」というふうな感じに、たぶん見えてはいたと思います。

それは、本当は後光《ごこう》だったかもしれないけれども、後光とは分からないままに、それを感じていたと思うんです。

それを悪く見る人から見れば、「自分を何様だと思っているんだ。神様だと思っているのか」みたいな感じで、揶揄《やゆ》する人も先輩《せんぱい》のなかにはいたことはいたけれども、そのとおり、「神への道」を本当は歩もうとしていた、心のなかではね。

普通《ふつう》の人は、「心の世界」というのは、単に脳の作用で反応しているぐらいにしか思っていないのが、大川隆法にとっては、「心の世界」というのが、これが「実相《じっそう》の世界」で、「自分の思いが即《そく》行動で、その思いのフィールドが本当の世界なんだ」と見えていたから、要するに、孫悟空《そんごくう》が空を飛ぶようにね、思いが世界の果てまで届いていっている感じを持っていた。こういう人は、そんなにいないわけですよ、実際ね。こういうところがあったので。

だから、霊言集《れいげんしゅう》は、父親（善川三朗名誉顧問《よしかわさぶろうめいよこもん》）のほうがテープ起こしをして、編集を手伝ったということにより、ちょっと出方が、すごく〝いびつな出方〟になってしまったんですけれども。

現実は、霊言で「あの世の証明」ということも大事だということは当然で、今もやっていることではありますが、「現実は、すでに思想体系をつくっていた」んですね。本当に、蜘蛛《くも》の巣を編むようにつくっていたのはつくっていたので。父親であろうと、まったくそれは見えていなかった。協力者であっても見えていなかった。どういう「内面世界」を持っていたかは、まったく見えてはいなかったんだろうと思うんです。

両立していた「内面世界」と「この世的な仕事能力」

仏陀　そういう見えていない「内面世界」を持っているにもかかわらず、それ以外の、この世で見えている表面的な部分では、母親が言っているとおり、とてもこの世的には切れる人で、スパスパといろんなものを片付けて、グイグイと引っ張っていくような方であったんですよね。

このへんが非常に珍《めずら》しい感じだろうと。浮世離《うきよばな》れした人でもなかったわけなんですよね。この両面が、両立はしていた方なんですよね。

だから、大部分の女性は、「エリートなんだろうな」と思ったりはして、近づこうと思っても、ほとんど取りつく島がないぐらいの感じの男性に見えていた。

ある人が言ったのは、「そそり立つ絶壁《ぜっぺき》みたいで、どこから登っていいやら、登りようがない」というようなことを言っている女性もいたし、転勤して着任すると、「何だか家には名作全集みたいなものがズラーッと並んでいて、学者みたいな感じで入ってきた」というふうな感じで言った方もいるし。

「商社マンというよりは、裁判官にでもなったほうがよかったんじゃないか」

と言って、「でも、逆に言えば、裁判官にならなくてよかったな。そうしたら、もっと偏《かたよ》った感じの人間になるだろうから、商社に入ったので、もうちょっと人間らしくなれてよかったんじゃないか」と言うような人もいたし。

後輩たちから見たら、要するに、底がどのくらいまであるかが分からない先輩で、「この人の考え方は、どこまで底が深いのかが読めない」という感じではあったね。

そういう意味で、後輩にも慕《した》われて、大学の後輩たちが会社にいっぱい入ってきたりもしていたわけで。「なんか、〝すごい人〟がいるらしい」ということは、後輩にも分かったんだけど、それが、「いったい何がすごいのかは、なかなか分からなくて」という感じですかね。そういうところはあったので。

学生時代にすでに持っていた「この世離《ばな》れしている慧眼《けいがん》」

仏陀　この世的なことは、まあ、確かに、雑事ではできないこともあったとは思いますが、いわゆる仕事的な面では、すごくよくできる人ではありましたね。

司法試験の話なんかも出ていましたけれども、当時、短答式《たんとうしき》試験とかいうのは五択《たく》で、あと、ゼロ解答もある六択のもので。九十問を三時間かかって、みないっぱいいっぱいで解くものですけれども、一時間半ぐらいで解いて出て、それで楽々合格しているぐらいなので。

もうほとんど、問題をパッと見ただけで答えを出すぐらいの、そういう頭で、〝AI的な頭〟もちゃんと持っていたんです。それはそれで、すごい神業《かみわざ》的に早い方だったんです。マスターするのが、すごく早い方ではあったんですけれども。

でも、知性がそんなものでは止まらなかったところまで行ってはいたのは、確実に行っていましたね。

だけど、外れているわけではなくて、まずは政治思想のほうに辿《たど》り着いて、その政治的な思想のなかで、現在も、今も戦っている全体主義の起源から政治思想に入っていっているのを見れば、この目のつけどころを見れば、もうそれが、この人が目をつけて、それから十五年後ぐらいに、実際にこの世界で起きたことでしょうね。

十五年後ぐらいに起きたことを、もう学生時代に、「全体主義の崩壊《ほうかい》していく姿」のところを見破って、慧眼《けいがん》で見ていたわけですから、これは読書家というレベルではないんですよ。

だから、〝教授たちがみな落ちこぼれて見えた〟というのは、そういうところで、まったくそれが分かっていなかった。教授たちはまったく分かっていないのを見破っていて、善悪を見破っていたわけで、もう、かなり早い時期に見破っていた。

これは客観的に、まあ、私が言うのはあれですけれども、そうとうこの世離《ばな》れしているぐらいの慧眼であったと思います。

だから、当時、評論家の人たちなんかには惹《ひ》かれてはいたと思うんだけど、知性的に見ても、三十歳《さい》ぐらい上の人とでないと話にならない。三十歳ぐらい上で、日本を代表する知識人ぐらいに、直接話をしていいぐらいの感じに、もう来ていたということで。

大学の授業だけで給料をもらっているぐらいの人では、その勉強では、ちょっと駄目《だめ》というぐらいの「洞察力《どうさつりょく》」があったということですね。勉強する時間がそんなにあったわけではないだろうけど、洞察力がすごかったんですよ。洞察して、ずーっと先まで見抜く目が、とてもはるかなところまで見えていて、この〝すごさ〟がすごかったんですが、まあ、そういうものは、あの（前作の）映画では、まったく描《えが》けてはいなかったでしょうね。

「四大聖人の悟《さと》りと相呼応《あいこおう》するか」を内心で探究していた

質問者A　確かに、総裁先生ご自身のなかで、心のなかで、いろいろと思索《しさく》されているから、他の人々には見えない部分があるじゃないですか。

例えば、「四正道《よんしょうどう》」などのいろいろな教えを説かれたけれども、「単に霊人《れいじん》のインスピレーションを受けて、その思想ができたわけではない」というところが分からない人が、けっこう多いのではないかと思います。

仏陀　いや、本当に、唯我独尊《ゆいがどくそん》ではないけれども、自分自身で、もう悟《さと》りを開こうとしていたんですよ。だから、完全他力《たりき》のように見えているかもしれないけど、そうではないんですよ。

●四正道　幸福の科学の基本教義。「愛・知・反省・発展」の教え。人間が幸福になるための四つの道（幸福の原理）。『幸福の科学の十大原理（上巻・下巻）』『幸福の法』（いずれも幸福の科学出版刊）等参照。

実は、悟りを開いて、そうしたいろんな霊の存在を〝紹介《しょうかい》〟しているんですよ。あなたがたにも分かるようなかたちで、「あの世がある」ということを見せようとして、そのために紹介しているのであって、悟りは自分で開こうとしていたんですよ。間違《まちが》いなく、そうなんですよ。見ているものは、そうだったと思いますね。

だから、「政治学」のほうに行ったのは、この世の仕組みのところの問題だったと思いますけれども。まあ、それで、法律とかも、やはり「法の根源」にあるものを、要するに、法律の「法」から真理の「法」のほうに向かっていたし、そして、来るべくして霊的な現象が起き始めてはきていたんですけれども、それがなかったとしても、天才的な知覚は、もう持っていたと思います。だから、なくても天才だったと思います、たぶん。それはそうだと思います。

そこに霊的な自覚が加わって、こちらのほうは、むしろ、実証的に確かめていたほうですよね。実証的に霊的な自覚を確かめていた。それが非常にイレギュラーなかたちで、「商社に勤めながら霊言を録《と》るというかたちで実証していく」という感じの確かめ方、非常に慎重《しんちょう》な進め方をしてはいましたね。

だけど、それとは別に、自分自身の自覚というか、悟りのほうは、どんどん進んではいたと思いますよ。

だから、諸学問の奥《おく》にあるもの、真理を探究していったら、結局、つながっていくはずなので。そういう真理を探究していくなかに、「霊人の言うこと、高級霊といわれる者が言うものとの呼応《こおう》」がなければ、やはり、いけないわけですよね。それが火花のように呼応してき始めて、初めて、「救世主の自覚」を持つに至ったわけなんですよね。

だから、自分が勉強した結果、ソクラテスや釈迦《しゃか》、孔子《こうし》、イエス・キリストという四大聖人、このあたりが人類が知っている四大聖人ですけども、「この人たちの悟りというのが分かるか」というところの〝対決〟をやっていたと思いますね。

「彼らが説いていることが、自分が学問的真理を通して到達したものと相呼応《あいこおう》するか。それとも、すでに時代遅《おく》れで敗れるものかどうか」という、こんなことを内心で探究している人が身近に存在しているなんていうことは、ほかの人は、商社マンだろうが学生だろうが、ほかの街で会う人だろうが、誰《だれ》も考えもしないですよね。

ときどき、その〝聖なる香《かお》り〟を感じ取る人はいたことはいたけれども、その内心は明かさないで生きてはいましたからね。

「神の心」をつかもうと手を伸《の》ばしていた格闘期《かくとうき》

仏陀　だから、その初期の霊言集あたりは、まだ方便《ほうべん》のレベルですので。あれで、もう十分、腰《こし》が引けて、ついてこれない人はいっぱいいましたからね。

だから、本当の、本当のところを言えば、要するに、もう、父親も兄貴もみんなすっ飛んでしまうぐらいのところまで行っていたわけで、東京大学なんて飛び越《こ》していたんです、とっくに。もう、はるかに超《こ》えていたところまで行っていたんですよ。

これがね、ああいうふうな、論文の書き方を教えたりね、知識をつなぎ合わせたり、人の名前を出したりするようなことを学問としているレベルなんていうのは不毛で、その奥にあるものを、本当に「金貨」というか、「純金」の、「砂金」の部分を見極《みきわ》めていく術《じゅつ》を持ってはいて。みんながガラクタを一生懸命に集めては並べ立てるのを学問だと言っていたのを、その奥にあるところまで、もう入っていっていたんですね。

この世界を描くのは、そんな簡単なことでは、たぶん、ないでしょうね。

だから、霊人たちも降りてはきているが、善川三朗氏とかが相手をしているからすごく偉《えら》い人のように感じたわけであって。彼から見れば、そういうふうに感じたわけであって、大川隆法のほうから見れば、彼らが語っているようなことというのは、そんなに驚《おどろ》くべきことでは、実はなかったんですね。もっともっと本質的なところに迫《せま》っていたので。

ですから、西田幾多郎《にしだきたろう》みたいな哲学《てつがく》だって、大川隆法から見れば、まったく悟りには至っていないというふうに、もう見えていたので、言葉遊びの世界を生きているにしかすぎない。道元《どうげん》なんか読んでも、「まったく悟っていない」っていうのを、もう感じてはいたわけですよね。

だから、このへんは、もう、学問の学科とかを分けて、関係なく通り越して、究極のもの、要するに、「神の心」ですよね、これをつかもうと手を伸《の》ばしていたので。その格闘期《かくとうき》が十一、二年は続いていたということです。

その間に、いろいろなエピソード的なことはいっぱいあって。この世的な人間としての経験、仕事の経験や人間関係での触《ふ》れ合いとか、いろいろ起きてきてはいたわけだけど。まあ、はっきり言えば、〝二重社会〟、〝二重世界〟を生きているような状況《じょうきょう》であったわけですね。

だから、「三千年に一度しかないことだ」ということは、やはり、知らなければいけないし、本当は「三千年に一度」ではなく、もっと上まで、実はその後、行き始めているわけで。宗教家になって自信をつけてからあと、「仏陀を超える者」としての自覚に、今、到達しているわけですよね。「仏陀を超える者、地球神としての自覚」から、さらには今、「宇宙への架《か》け橋」としての役割まで出てきて、「悟りにとどまるところなし」という世界に行っていますから。

質問者A　そうですね。

仏陀　空海《くうかい》の悟りといえども、全然足元にも届かないレベルであるわけなんですよね、本当はね。

三十歳《さい》にして立った救世主の秘密とは

仏陀　まあ、そういうことはありますが、「この世の人間との関係」ということにおいては、イエスの言うことや仏陀の言うことも、参考になることはいくらでもありますからね。そういうことをいまだに追体験して、「なるほど、人間はこうなるんだな」と。

ご長男のこととかを見てね、やはり、原始の仏陀の教えさえ、彼は勉強していないでしょうから。仏教の基本的な教えを、単に学問的に覚《おぼ》えることぐらいにしか思っていないんでしょうから。

質問者Ａ　今、〝逆〟に行っていますからね。

仏陀　ええ。そうでしょうね。だから、「悪魔《あくま》に憑《つ》かれている」と分かっていれば、ああはならないでしょう。

質問者Ａ・Ｂ　はい。

仏陀　それが分からないレベルでしょう？　だから、自分と一体になっているんでしょう？　それは、もう完全に動かされるぐらいの知性の軽さですよね。

その知性の重さというか、深さの問題がね、全然違うわけでして。

やはり、もとを言えば、その「日本一の智者《ちしゃ》たらん」と、もう最初から思っていたところあたりからいっているよね。その自分から見れば、まだまだ足りないというところは、思ってはいたでしょうね。

だから、「日本一の智者たらん」から、それを超えていった部分。それは、まだ「自己形成の過程」であったわけだけど、それから、今度は「救済の過程」に入っていきますから。自分が人々を導かなければいけない世界に入っていくわけですよね。

これが「救世主の秘密」なわけで、三十歳《さい》にして立ったなら、その自覚はもっと高いところまで、もう行っていたはずですね。会社を辞《や》めるや否《いな》や、『太陽の法』『黄金の法』『永遠の法』（いずれも幸福の科学出版刊）を書いているんですから、普通は、これでもう終わっていいぐらいですよね。だから、三十歳で、「死んでいい」ぐらいのところまで行ってはいたんですよ。

それからあとは、この世的な教団づくりの練習とか、人間を指導する練習とか、家庭をつくる練習とか、まあ、そういうものですよね。そういうことを追体験しながら、真理はそれでも曲がらず生き残るかどうか、それを見ていたということになりますね。

だから、まあ、(前作では)〝人間の演技〟としては、いっぱいいっぱいは、やったのではあろうけれども、確かに、そう簡単に映像化できるようなものでは、ないと言えばないでしょうね。

5　映画「夜明けを信じて。」に盛り込《こ》むべきポイント

映画「夜明けを信じて。」には「修行者《しゅぎょうしゃ》としての観点」が必要

質問者B　そうしますと、「さらば青春、されど青春。」を、もう一度、設定し直して、新しくまったく違《ちが》った映画を製作するということは可能でしょうか。

仏陀　うーん……（ため息交《ま》じりに）。今度は、もうちょっと「修行者《しゅぎょうしゃ》としての観点」が入らないと駄目《だめ》なんじゃないですかね。

質問者B　そうですね。では、「どちらかというと、女性目線で見る」というの

も厳しいでしょうか。

仏陀　うーん……。

質問者A　今の話を聞いていると、けっこう……。

質問者B　内面の話になってくるので。

質問者A　内面の話が大きいですからね。

仏陀　（約五秒間の沈黙《ちんもく》）そうですねえ……。

質問者A　確かに、レベルがちょっと違いますね。天上界《てんじょうかい》の誰《だれ》かが見ているようにナレーションをするとか。

仏陀　それは「ノストラダムス」に戻《もど》ってしまうかもしれませんね。

質問者B　そうかもしれませんね（笑）。

質問者A　「ノストラダムス」も、けっこう面白《おもしろ》かったところはありますけれども（笑）。

仏陀　まあ、天上界から見ますか……。

●「ノストラダムス」　映画「ノストラダムス戦慄《せんりつ》の啓示《けいじ》」（製作総指揮・大川隆法、1994年公開）のこと。

質問者Ａ　それもそれで、また難しくなるでしょうか。

仏陀　まあ、でも、「この世に生まれて、この世的な生き方をしているなかに、真実の仏陀の悟《さと》りを得ていくという過程を描《えが》く」ということは、仏伝《ぶつでん》とかで非常に苦労していることですから。

やはり、この世的な現象については、「カピラ城を捨てる」とか、「（愛馬）カンタカに乗って出る」とか、その出城《しゅつじょう》から降魔成道《ごうまじょうどう》に至るまで、あるいは仏陀の幼少時の話とか、いろんなものを、仏教の勉強をする人はみんなひもといてはいる内容ではあるんですよね。

「悟りの内容」を想像しようと一生懸命《いっしょうけんめい》しているけど、届かない。現代の仏教学者たちも、ガラクタをかき集めてやっている状況《じょうきょう》ですよね。

そして、実際の霊界《れいかい》の世界は比喩《ひゆ》だと捉《とら》えているという、ほとんどそういう感じになっていますね。

だから、まあ、「女性目線で」といったら、女性が〝木《こ》っ端《ぱ》微塵《みじん》に飛んでしまう〟という、そういう〝怖《こわ》さ〟は、たぶんあるのかもしれませんが。

質問者Ｂ　おばあちゃん（総裁の母）から見た総裁先生とかは……。

質問者Ａ　そう、私も今、思っていました。おばあちゃんから見た、うん。

質問者Ｂ　お母さんから見た……。「私の息子《むすこ》は〝とんでもない子〟だった」というような（笑）。

質問者Ａ　（笑）

仏陀　母親から見たら……。

質問者A　「全体観が見れている」という設定でなくてもいいけれども、その合間合間で（総裁先生を）見てきたおばあちゃんという。

質問者B　「まさか、こんな救世主になられるとは」というようなのは……。

質問者A　「救世主になられるとは思いもしませんでした」というような。

質問者B　そういうつくり方は、できるかもしれませんけれども。

質問者A　確かに、そういうのはあり、ですよね。

仏陀　う一ん。

質問者B　まあ、額田《ぬかた》さん（映画「さらば青春、されど青春。」のヒロイン）の出所《でどころ》は、ちょっとよく分からないですけれども。

求道心《ぐどうしん》がない人には、主人公は演じられない

質問者A　でも、女性の存在を出して、「彼女を取る、取らない」という話が大きくなりすぎても、また違う感じになってしまいますよね。

質問者B　そうですね。

仏陀　うーん。まあ、煩悩《ぼんのう》の世界ですからね、結局はね。だから、うーん……。

質問者A　たぶん、もう少し高い視点でいろいろ考えてはいて、そのなかで、人間として生きている上での、そういうお別れなどもあったのでしょうけれども。

仏陀　（約五秒間の沈黙）まあ、自分の目指している職業はね、「なかった」ということは事実ですけどね。その間の試行錯誤《しこうさくご》は、あったことは間違いありませんがね。「現代に悟りの道があるか」といわれる公案《こうあん》に対する答えですから、そんな簡単にあるわけではないわけで。

まあ、人によってはね、「現代に仏陀が生まれ変わるとしたら、きっと、ビジネスマンで生まれてくるだろう」ということを言う人も、いたことはいたんですけどね。「その経験は、やはり、するだろう」ということは。そうしないと分からないですからね。人間社会がね、分からないので。

質問者A　釈尊《しゃくそん》も、王様になるようなこの世の教育も十分に受けて、一度、王子の役目はやられていますしね。

仏陀　いや、まあ、「東大に行け」と言われたのが「虐待《ぎゃくたい》だ」と言っているような人に演じられるような役柄《やくがら》ではないですよ。そんなレベルではないので。

質問者A　確かに、志《こころざし》が違いすぎましたね。

仏陀　全然違う。

質問者B　ある程度、悟りを求めるタイプの人でないと、総裁先生の役はできないということですね。

質問者A　求道者《ぐどうしゃ》じゃないと難しい。

仏陀　求道心《しん》がなければ、それは……。

質問者B　職員（出家者《しゅっけしゃ》）でないとできないでしょうか。

仏陀　求道心がない人には演じられないし。

質問者Ａ　まず、真理を是《ぜ》として求めている人でないと難しいですね。

仏陀　まあ……（ため息交じりに）。でも、もうすでに社会人になったときに、重役クラスぐらいでないと話ができないような感じがあったわけだから、そこまで飛んではいたということですよね。相当なものではあるわけでしてね。

そして、この世の人では話にならなくて、あの世の人になるわけだし。この世の人としては「過去の人」、本を遺《のこ》している「過去の人」との対話ですよね。過去の天才たちとの対話しか、学ぶものはなくなってはいたということですよね。

質問者Ａ　園田監督《そのだかんとく》の映画「哲人王《てつじんおう》」を思い出しました。

質問者Ｂ　あんな感じになるでしょうか。

仏陀　だから、映画にするのはそう簡単なことではないから。どうしても、それが主観の世界で描けないとすれば、第三者に語らせる部分は多少入らないと、無理なところはあるかもしれませんね。

うーん……、まあ、そのときどきに見ていた人たちはいるんでしょうから。

質問者Ａ　「おばあちゃんから始まって、額田さん役にバトンタッチして」というのもなくはないですよね。

質問者Ｂ　それはありだと思います。

仏陀　そうですねえ……。

質問者Ｂ　「女性たちから見たエル・カンターレ」のようになりますね。

仏陀　それは、「釈尊をめぐる女性たち」とか、あるぐらいですからね。

質問者Ａ　ありますね。

誰《だれ》であれば映画のストーリーを任せられるか

仏陀　まあ、私ので映像にならないなら、ちょっと、そうしたおばあちゃんとか、ほかの女性とか、もう一回呼んで、聞くなら聞いてもいいですよ。替《か》わりましょうか？

質問者B　どうしましょう。まず、ストーリー……。

仏陀　私のは、思想家であって小説家でないために、ストーリー性が足りなかったですかね。

質問者B　どういう人ならストーリーを任せられるでしょうか。

仏陀　うーん……。

質問者A　やはり、（当時の総裁先生を）よく見ている人でないと難しいですよね。

仏陀　はあ（ため息）、まあ、弟子《でし》でそれができるというのは、かなり厳しいは厳しいですよね。長男であっても、見ているようでまったく見ていなかったということでしょう、本当は。

質問者A　いや、近くで見ているからご存じのはずだと思っていたのに、「あれ？」というようなところがあったのは、ちょっと大きかったですね。

質問者B　でも、家族は近くにいるといっても、家ではご飯《はん》を食べているところしか見ていないですからね。

質問者A　そうか。浅くしか見られていない。

仏陀　まあ、それは、「普通《ふつう》の父親にしか思えない」というのは、そこしか見ていないというところですよね。

質問者A　本人が、見ようともしていなかったということですよね。

仏陀　届かなかったでしょう。

質問者A　真理を求めていたら、先生のことを見ますよね。やはり、じーっと見ますよね。

仏陀　まあ、弟とかでも、「出るのが怖い」とか言っていたしね。霊能力があればできるなら、弟子《でし》にもチャネラーはいっぱいいますけど、行かないものは行かないんですよ、認識的には。

質問者Ｂ　そもそも、総裁先生役をする人がいないですよね。

質問者Ａ　そうですね。

仏陀　まあ、それは難しい。

だから、もう死後何百年たったとか、二千五百年たって「釈迦伝《しゃかでん》」とか、それから「日蓮伝《にちれんでん》」とか、「親鸞伝《しんらんでん》」とか、いろんな人の映画はつくれますけどね。それが合っているかどうかは、みんな分からない状況ですよね。

映画「夜明けを信じて。」では、より思想性を高めたい

質問者A　もう映画に百パーセントを求めず、やはり、「総裁先生の一端《いったん》なりとも、何とか映像化して伝えることができれば」ということを目標にしていくしかないかもしれません。

仏陀　確かに、この世の世界のことを映像にしなかったら、それは、映画にはならないからねえ。

質問者B　今度の映画の着地は、「さらば青春、されど青春。」よりも、思想性を高めるというところですよね。

仏陀　だから、やはり主人公が、その……。

質問者Ａ　（「さらば青春、されど青春。」では）単なる受け身で、霊に何かいろいろ言われて……。

質問者Ｂ　「本を読んでいたら、霊が話しかけてきた」というような感じに見えてしまったかもしれませんね（笑）。

質問者Ａ　そうそう。

仏陀　「智恵《ちえ》」を求めていたのから、「悟り」を求めるほうにシフトしていくんですよね。

質問者A　でも、今、お聞きしていると、最初は、この世の学問を勉強していても、ずっと智恵を求めていたら、あの世も含《ふく》めた真理にまでつながるということなので、なるほどと思いましたね。

仏陀　そうですよね。だから、大学で何十年もソクラテスを勉強している人が分かっていない。要するに、「ソクラテスの守護霊《しゅごれい》が話しかけて、ああ言った、こう言った」と言っても、さっぱり意味が分からない。

釈尊が悪魔との対話をしたり、あるいは神々との対話をしているというのを、（仏教学者の）中村元《なかむらはじめ》が訳しても意味が分からない。何か分からないから、普通の会話のように訳しているだけで意味不明、説明ができない。

まあ、こういうことになって、「比喩なんだろう」とかいうぐらいになってくるんですよね。

質問者Ａ　学校などでする勉強から真理までというのは、とても距離《きょり》が離《はな》れているから、すごく違うものかと思いきや、つながっていないわけではないというところもあります。

仏陀　だから、これは三千年に一回あればいいほうで、もっとかかるものかもしれないので。

質問者Ａ　おばあちゃんに訊《き》いてみますか。

仏陀　では、替わりましょうか。

質問者A　そうですね。すみません。

質問者B　はい、ありがとうございました。

質問者A　ありがとうございました。

大川隆法　はい、ありがとうございました。

「霊言現象《れいげんげんしょう》」とは、あの世の霊存在の言葉を語り下ろす現象のことをいう。これは高度な悟《さと》りを開いた者に特有のものであり、「霊媒現象《れいばいげんしょう》」（トランス状態になって意識を失い、霊が一方的にしゃべる現象）とは異なる。

なお、「霊言」は、あくまでも霊人《れいじん》の意見であり、幸福の科学グループとしての見解と矛盾《むじゅん》する内容を含《ふく》む場合がある点、付記しておきたい。

第2章　中山《なかやま》みきの霊言《れいげん》

二〇一九年二月二十二日　収録

幸福の科学　特別説法堂《せっぽうどう》にて

中山《なかやま》みき（一七九八〜一八八七）

天理教開祖。十三歳《さい》で庄屋《しょうや》の中山善兵衛《ぜんべえ》に嫁《とつ》ぎ、一男五女をもうける。四十一歳のときに神がかり、「天理王命《てんりおうのみこと》」より「おつげ」（啓示《けいじ》）を受けて以後、人々に神意を伝え続け、その主な教えは『おふでさき』『みかぐらうた』『おさしづ』の三原典に遺《のこ》された。「をびや許し（安産の許し）」や病気治しを行うとともに、「ひのきしん」の実践《じっせん》のなかに「陽気ぐらし」の実現を目指した。

［質問者二名は、それぞれA・Bと表記］

1　母の目には、どう映っていたのか

母の「魂《たましい》のきょうだい」に、映画製作のための意見を聞く

大川隆法　それでは、四国のおばあちゃん（大川隆法の母）の（魂《たましい》のきょうだいの）なかで、映画「さらば青春、されど青春。」を「夜明けを信じて。」という映画につくり直すとしたら、どうするかということについて意見が言える方がいたら、お願いします。

（約五秒間の沈黙《ちんもく》）

中山みき　はい、中山みきです。

質問者B　こんばんは。

質問者A　いつもありがとうございます。

質問者B　ありがとうございます。

中山みき　はい。

質問者A　やはり、おばあちゃんは、総裁先生が生まれてから十八歳《さい》ぐらいまでを、ずっと見ていらした貴重なお一人であられるので、ご意見を少しお伺《うかが》いできればと思います。

「完成する人」「最終的に間違《まちが》わない」という信頼《しんらい》感があった

中山みき　うーん……。まあ、（総裁の長男の）宏洋《ひろし》さんは、何だろうかねえ。「役者になりたい」と言って飛び込《こ》んできた世界が、まあ、真逆のところに飛び込んできたかもしれませんねえ。その意味ではねえ。

実は、結婚《けっこん》したけど、（総裁の前妻の）きょう子さんの苦しみも同じところにあって。東大を出ているから（総裁と）一緒《いっしょ》だと思っていたのが、「違《ちが》う」ということが、だんだん、だんだんに分かってくる苦しみで。

その開《ひら》いていくものが、何が開いていくのかが、結局分からなかった。開いていったのは、やっぱり「悟《さと》り」のところですよね。まあ、そういうところではあるので。まだ、みんな、〝この世〟性《せい》との戦いではあったでしょうね。

だから、（総裁と）仏陀《ぶっだ》との違いは、「この世に、ある程度の責任を持つように努力していた」というところぐらいでしょうかね。そういうところは、あったとは思いますけどねえ。

うーん……。まあ、でも、昔から見ていて、たぶん、「完成する人」だとは思っていましたよ。

だから、「長く努力して完成していく人」だろうとは、そういう信頼《しんらい》感はありましたね。「この人は間違いない。放っておいても間違いない」という信頼感はありましたね。「最終的に間違わない」という感じはあったので。まあ、ついていけばちゃんとそうなるだろうし、成功する。何をやっても、いちおう一角《ひとかど》の人物にはなるだろうとは思っていましたよ。

十八歳ぐらいまでには、何がいちばんの得意になるかということは、そんなに簡単には分からなかったですけれども。

親を早々《はやばや》と超《こ》えていた、非凡《ひぼん》な人だった

中山みき　父親なんかは、まあ、長男（総裁の兄）を自分の跡継《あとつ》ぎ風にしようと思って、哲学《てつがく》とか宗教の話をいっぱいしていたために、息子《むすこ》（長男）が哲学科へ行って就職できなくなったので、弟のほうには、なるべく言わないようにしようとしていたみたいですけどね。

それでも、まさか下のほうに、そちらの素質まであるというのを見抜《みぬ》けなかったので。この世的な素質のほうはあると見ていて、そちらに素質があると思わなかったんだけど、素質があるものは、わりと、どれにでもあったというところではありますね。

まあ……、親を超《こ》えていたので、早々《はやばや》と超えていたので。

自分は、中学三年のときで、「もう意見は言えない」という感じは持ってはい

たし、父親は、もう高校でだいたい終わっていただろうとは思いますよ。

だから、まあ、そのへんの……、父親なんかが若いころに「政治」や「哲学」や「宗教」をやったことも、それは、話としては十分聞いているとは思うけれども、それを検証もしながら進んでいったんだろうとは思いますけどね。

まあ……、ただ、私はそこまではちょっと、なかなか分からない。田舎《いなか》にいたのが東大へ行くだけでも、まあ、珍《めずら》しいことだとは思っていたけど。「東大のなかでも珍しい人」だとは、ちょっとそこまでは、自分では分かっていなかったかもしれないね。

ただ、東大の友達とかは、「かなり非凡《ひぼん》な人だ」ということは、何か感じてはいたみたいではありますけどね。ただ、何となく、そのフィールドというかね、いろいろ生きていく磁場《じば》が見えかねていたような感じはあったかなと思いますね。

（大川家の）息子たちが見ているのは、「父親が田舎っぽくて、失敗をして、それで、都会の人に憧《あこが》れて、不十分ななかを、何か泥亀《どろがめ》みたいに歩いて道を拓《ひら》いてきた」みたいなところを見ているんだろうとは思うけれども、現実の世界は、実際は違っていたかもしれませんねえ。まあ、そういうふうに思いますねえ。

あとは、私は分からない。

宗教家になって、（幸福の科学を）始めてからあとのことは、また見てはいますけどね。父親がもう、すぐについていけなくなるのは分かりましたよ。それから、兄とは人間性が、もうはっきり違っているのもよく分かっていたので。これはもう、早々と分かっていましたから。

だから、人間的に、何て言うかねえ……、まあ、筋《すじ》が通った生き方をする人なので。騙《だま》しもしないし、何と言うか、うーん……、「失敗しないだろう」という感じ？　みんながついていって失敗しないと感じるだろうなと思うような人ではありましたね。

ほかの人への気配《きくば》りや目配りができる、精神的な余裕《よゆう》があった

中山みき　先ほどの話を聞いたら、自分のことばかり考えていたようにも見えるけど、周りから見れば、ほかの人に対する、すごい気配《きくば》りの人ではあったので。気配りができるだけの余裕《よゆう》があったので。精神的な余裕があって、自分のことで頭がいっぱいなんていう人ではなかったので。

質問者Ａ　確かに。今もそうですね。

中山みき　ええ。周りの人に対して、社会的な身分がそんなに偉《えら》くない、身近な人に対したり、接した人たちに対しても、非常に気配りというか、目配りのできる人で、他人《ひと》の気持ちが分かるタイプの人でしたね。

だから、そのへんは、もう明らかに、やっぱり、そういう学歴エリート型の人とは違うところでしたね。

質問者Ａ　何か、特徴《とくちょう》的なエピソードのようなものはあったりしますか？

中山みき　うーん……、特徴的なエピソードといっても分からないが、まあ、人が困っているときとか、本当は悩《なや》んでいるときとかは、すぐ分かった。で、言葉をかけるみたいなところはね、やっぱりすごいとは思いましたよ。

質問者Ａ　なるほど。

中山みき　そういう経験をした人がいっぱいいるんですよ。何も言わなくても、

「必要な人には、必要な言葉をパッとかけてくれる」というの？　言ってくれるという。まあ、そういうところは多かったみたいですね。まあ、そういうふうに聞いていますね。

それから、まあ、一秒ぐらいで、だいたい判断しちゃうところは昔からで、スッと判断しちゃう。普通《ふつう》、何年もみんながあくせくしてトラブルすることを、一秒ぐらいでスッと判断してしまうので。これは、たぶん、会社でも同じことをやったんだろうとは思いますけど。

まあ、今は女性の問題で言っているけど、徳島で釣《つ》り合う人を探そうとしたって、もう相手がいなくて本当に困ったので。ちょっと、とてもじゃないけどいない。いないから、東京で、もう探してくれというような感じではありましたけどねえ。

霊道《れいどう》を開く前後で、性格は変わらなかった

質問者Ａ　十八歳までの総裁先生を見られていて、そこから大人にはなられていくと思うのですが、例えば、霊道《れいどう》を開いたあとの先生と、その前の先生では、何か違いがありましたか。あるいは、そういうことはなかったですか。

中山みき　まあ、「霊言《れいげん》ができる」というところは、私も見ましたから、それは大変なことになったなということは思いましたけどね。

質問者Ａ　総裁先生の性格的には……。

中山みき　いや、それは一緒ですよ。それは変わらないですけど。

質問者A　そうですよね。

中山みき　これで、まあ、あとどうなっていくんだろうかなということは、思いましたですけどねえ。

どうなっていくのかなあとは思いつつも、今までの人間性から見て、まあ、「この人がやることは、何でも、最後は成功するだろうな」とは思ってはおりましたね。

質問者B　おばあちゃんのすごいところは、総裁先生への絶対的な信頼というか……。それを息子に対して持てるというのは、やはりすごいなと思います。

中山みき　いや、できすぎですよ。私らのような、田舎のおじさん、おばさんにとってはねえ、それは、できすぎの息子ですよ。それは、できすぎですよ。

高等遊民《こうとうゆうみん》気質だった兄、この世的な足腰《あしこし》がしっかりしていた弟

質問者A　これは、聞いていいのか分からないのですが、総裁先生のお兄様に対しては、そういう思いではなかったのでしょうか。少し違っていましたか。

中山みき　いやあ、それは、「秀才《しゅうさい》」という意味では、高校ぐらいまでね、高校、大学に入るぐらいまでは、近所に自慢《じまん》できるぐらいの感じは持ってはいましたよ。

持ってはいたけど、その後は、やっぱり、金銭感覚や生活力や、言葉に対する責任とか、社会人への自覚とか、まあ、労働への意欲とかね、こういうものが欠けていましたからね。

これは、まさしく、高等遊民《こうとうゆうみん》だった父親そのものの気質でしょうね。

弟のほうは、気質的には、そうした文化の高みを求めるようなものを持ってはいたけれども、〝足腰《あしこし》の部分〟というか、この世的なところがすごくカチッとしていたから、心配がなかったですよね。そのへんのところはカチッとしていたんですよね。

だけど、三十歳近くになったら、それは誰《だれ》か女性に、もう面倒《めんどう》を見てほしいなっていう気持ちはありました。親はもう、どうにもならないのでね。そういう気持ちはありましたねえ。

心のなかのことはちょっと分からないけれども、この世的な修行《しゅぎょう》もしながら、そうでないものを求めていたんだろうし。霊道を開いてからは、父親の得意の分野と思って、「一緒にやれて」とも思いながら、だんだんに、たぶん、それは別にしなきゃいけなくなっていくだろうなということは分かりましたし。

まあ、兄との対比でずいぶん差がついたというようなことは、親同士でもね、「ずいぶん差がついてしまったなあ」というような感じはあって。

それは、東大と京大の違いなのかなあとも思っていたけど、まあ、実際はそれだけではなかったようでしたね。やっぱり「魂の力の問題」だったでしょうねえ。

まあ、女性問題としては、私はよくは分からないんですけど。それは見てきたようなことを言うわけにはいかないから、よくは分からないんだけど。

私の勘《かん》としては、それは、美人で頭のいい人でないと駄目《だめ》だったんだろうなあということは思っていましたが。要求するレベルがちょっと違ったから、「そんなに簡単にはおるまいて」という感じはあったですよねえ。田舎にはちょっと難しかった。東京あたりへ行けば、そんな人もどこかにはいるのかなあとは思いましたが。

まあ、両親が田舎の存在でしたから、それが、いわゆる、いいところの人とかいうと、これは難しくなるのかなあとか、そんなようなことは思ったりもしましたけどね。

まあ、（大川家の）子供たちの結婚観とかを見ていると、やはり、お父さんとはだいぶ違うのかなあという感じは受けましたけどねえ。

2 「孤独《こどく》なヒーロー像」を映画でどう描《えが》くか

誰《だれ》にも理解されなくても、「ただ一人往《ゆ》こう」としていた

質問者B　先ほど案として出ました、十八歳《さい》ぐらいまでをおばあちゃんの視点を織《お》り交《ま》ぜながら描《えが》いたり、また、額田《ぬかた》さんに当たるような女性を、もう一回登場させて映画をつくるというのは、可能なんでしょうか。

中山みき　いやあ……、大川隆法を理解できた人はいなかったでしょうね。

質問者B　そうですね。

中山みき　だから、宗教活動を始めてから以降、集まってきた信者のなかには、理解しようとした人たちはいっぱいいるけど。

それ以前は、理解できた人は、たぶん、誰《だれ》一人いなかっただろうと思うし、女性に理解できるとも思っていなかったでしょうね、本当に。男性にも、理解できる人はいないと思ったから。親友たちにとっても、理解できるとは思っていなかったから。

「ただ一人往《ゆ》こう」としていただろうと思いますよ。

質問者A　「孤独《こどく》感」も出さなければいけないのかもしれませんね。

中山みき　そうなんですよ。「孤独なヒーロー」。「孤独感」はあったと思いますよ。

質問者Ａ　そうですね。

質問者Ｂ　そうすると、やはり、男性が主役になるのでしょうか。

質問者Ａ　うーん。男性が主役にはなるけれども……。

質問者Ｂ　「視点」として、女性とか、周りの人の「視点」は入れられますけれども。

他人《ひと》の苦悩《くのう》を瞬間《しゅんかん》的に捉《とら》えてアドバイスし、解決も図《はか》っていた

質問者A　先ほどのお話をお伺《うかが》いしているときに思ったのが、例えば、寮母《りょうぼ》さんが……。

質問者B　いましたね。

質問者A　寮母さん同士で何か揉《も》め事をしているときに、苦しんでいる寮母さんが一人いて、その方がけっこう〝まずい状態〟のときに、総裁先生がちょうどタイミングよく「おばちゃん、頑張《がんば》れ」と言って会社に行ったと言っていました。

そういうエピソードを入れると、他者から見て、「なんで、この人には悩《なや》んでいるのが分かるんだろう?」とかいう特徴《とくちょう》的な面は、もしかしたら描き出せて、

かつ、主人公ばかりが全面に出ないような描き方ができる可能性はあります。

中山みき　まあ、母子家庭でやっていた寮母の一人が、人間関係で苦しんで自殺しようと思い詰《つ》めていたのを、それを瞬間《しゅんかん》的に捉《とら》えてアドバイスして、あと、解決も図《はか》っているなんていうのは、これは宗教家の仕事ですよね。瞬間的に言っている。

「主人公の内面」をどうやって浮《う》き彫《ぼ》りにするか

質問者Ａ　本当に、一緒《いっしょ》にしては申し訳ないのですけれども、今、（テレビドラマで）「ハケン占《うらな》い師アタル」をやっていまして（収録当時）、周りの人たちを描きつつも、すごく神秘的に見ている目で主人公を描いていて、「言葉は少ないけれども、主人公がどんな人かがそれで分かる」というような描き方が一つあります。

質問者B　それはできると思います。できなくはないです。

質問者A　途中《とちゅう》でそういうものを入れるのも、ありなのかなと思います。

質問者B　そうしたら、主演の人にかかる負担も少し減りますし。

質問者A　そうそう。負担も減ります。

質問者B　「九十五パーセント以上、主人公が画面に出る」というのはやめましょう。

質問者Ａ　そうそう。「その人となりの内面を、主人公に演じてもらいつつ、主人公の周りの人たちの視点で浮《う》き彫《ぼ》りにさせる」という手法は、なきにしもあらずですね。

質問者Ｂ　そうですね。どう頑張っても、総裁先生の内面を全部描くことはできないですから。

質問者Ａ　それなら、一般《いっぱん》の方が観客でも、観客視点により（近くなって）……。先生の周りにいた人たちが、先生の言動に対して「えっ」と思ったようなところをつなぎ合わせると、若干《じゃっかん》、ぼんやりでも、〝像〟が出たりしないかなと思います。

質問者B　それはできると思います。

父親や兄からも嫉妬《しっと》された「孤独《こどく》な闘《たたか》い」だった

中山みき　まあ、（前作の）映画とかではね、父親も兄貴も協力してやっているような感じで言っているけど、最初は、そうは言っても、否定して、嫉妬《しっと》もしていたのが本当のところですからね。

質問者A　総裁先生に対して？

中山みき　そりゃそうです。「自分がしたかった」というところですから。そういうものが最初からあったので、「孤独《こどく》な闘《たたか》い」であるのは事実ではあります。

質問者A　「孤独なヒーロー」ですね。

中山みき　「孤独なヒーロー」ですよ。最初から嫉妬され、自分のほうが教祖になりたがるような家族のなかに、本当はあったんでね。

質問者A　いちばん理解してほしい身近な人ほど、身近すぎて、手のひらからこぼれ落ちていくような感じも……。

中山みき　今度は息子《むすこ》たちが、同じことをやっているのかもしれませんがね。「自分のところまで下ろしてこないと、できない」と思っているところはあるかもしれませんね。

そういう意味で、いろいろと人間関係では苦労はされたかもしれませんね。私にはよく分かりませんけど。

うーん、まあ……、そうだねえ、だから、親孝行だったんだけど、その親孝行な面には、ちょっと、親の文化的な遺伝子としてね、「親の劣等感《れっとう》」みたいなものも引き継《つ》いでいた面もあると思うんですよ。親が劣等感を持って、田舎者《いなかもの》ではあったから、「多少、自分もそういうものを引き継がないと申し訳ない」みたいな気持ちはあったから、自分が思っている以上にですね、低く見ようとする面も一部ではあって。

ただ、その後を見てみれば、「自分が思っていたよりも、自分はどうも偉大《いだい》だったらしい」っていう結果が出てきているんですね。そこまでできるとは思っていなかった自分が、その後、出てきているので。

「どなたとやったとしても、必ず道は拓《ひら》いたと思う」

中山みき　それを見ると、親は、「協力した」というよりは「足を引っ張った」と実は見るべきで、兄弟も「足を引っ張った」と見るべきで、会社の同僚《どうりょう》たちは「全員、反面教師だった」と見るべきだと思いますね。

協力者は出てきましたけど、こういう人だったら、「運命の人」ではなくて、どなたとやったとしても、道は必ず拓《ひら》いたと思いますよ。

質問者Ａ　本当にそうだと思います。

中山みき　絶対そうです。どなたとしてもね。

きょう子さんも、「自分がいたからできた」とは言うけれども、本当は、日比《ひび》谷《や》公会堂で講演できるレベルまで行った人、本を何十冊も出して、日比谷公会堂で講演している人と結婚《けっこん》して、田舎でお医者さんをしていたお父さんは、「いやあ、これは相手が偉《えら》すぎるんではないか」ということを言っていて、「すぐに返されるんじゃないか」というようなことを心配していた。

それを、（総裁が）相手に合わせてやってくれていたわけですから、その優《やさ》しさにつけ込《こ》んだところは、たぶんあったでしょうかね。

学生時代に振《ふ》られたようなことも言っているけど、こんなのは本当に、自分が……、何て言うかな、「法律学の世界、法学部で出世しよう」という気持ちを諦《あきら》めたくて、そういうふうに転換《てんかん》するために、自分で勝手に座礁《ざしょう》したようなものだろうと私は思いますよ。たぶん、違《ちが》ったものではないかなと思います。

（映画でも）「女性のほうにあんまり負担をかけすぎるのも、どうなのかな」という気はするんですけどね。

質問者Ａ　そうですね。また、その人の役割が異様に大きくなりすぎても、何か変なのでしょうね。

中山みき　それは、描くのは難しいでしょう。（総裁が）生きていて書けないんだから、百年、何百年、三千年たったら、「どうするか」と言ったら、もっと分からないから。

今いる人たちがつくるものを、後世の人は参考にしなくてはいけないので、どう描くべきか、今いる人たちが描けなければ、描けないでしょうね、たぶんね。

3　身近で見てきた本当の人物像について

自分には厳しいけれども、他人《ひと》には優《やさ》しい人

質問者A　霊言《れいげん》などでは、「先生は本当に天才だ、天才だ」と、みな言ってくださるじゃないですか。でも、近くで拝見していると、先生はご自分のことを天才だと思っていないというか、追い求めている理想がすごく向こうにあって、「無《む》限遠点《げんえんてん》」を本当に目指しているから、出来上がらないんですよね。

中山みき　けど、近くにいる人たちに、「おまえら、バカだ」みたいなことは言わないでしょ？

質問者Ａ　言わないんですよ。

中山みき　それは言わない。私（みたいな）田舎《いなか》のおばあちゃんでも、「バカだ」とは言わない。

質問者Ａ　言わない。言わない。

中山みき　一度も言ったことがない。

質問者Ａ　先生自身も、自分のことを「天才だ」とは思っていないような……。

中山みき　お兄ちゃんは言いましたけど。京大に行ったら、「親はバカだ」って言っていましたよ。

質問者A　客観的に見ると、すごいことをされているんですけれども、普通《ふつう》の感覚を失っていないというか、普通以上に周りに共感もしてくださるし、自分のことを「努力し続けないと駄目《だめ》だ」と思っているし。「この先生像を、どうすれば伝えることができるんだろうか」と思います。

中山みき　でも、自分には厳しいけど、他人《ひと》には優《やさ》しい人なんですよ。

それが結局、逆になればね、自分に甘《あま》く他人に厳しくなれば、「人のせい、環《かん》境《きょう》のせいで自分はこうなった」って言い訳をする人生、言い訳をする人間になるわけですよ。だいたい、人生に敗北した人たちは、そういう人の山ですよね。だから、そうじゃなかったので。

「ここ一番」のときのひらめきに優《すぐ》れている

中山みき　あとは、もう一つあるとすれば、直観的な「勝負師の勘《かん》」みたいなものはお持ちだったんではないかなとは思いますね。「ここ一番」のときに、やっぱり、ある程度、ひらめいてくるものがね、優《すぐ》れていたんではないかと。そういう意味では、もともと超能力者《ちょうのうりょくしゃ》だったんじゃないかとは思うんですけどね。

質問者Ａ　そうですよね。

中山みき　だから、私たちにはよく分からない。

ただ、バカにされたことは一度もありませんよ。私もないし、おじいちゃんとも、最後は、きょう子さんも絡《から》めて関係は難しくなりましたが、でも、「父親をバカにしている」という感じはありませんでしたね。

「一緒《いっしょ》に講演会をするのとかは、ちょっともう無理だから、それは、何とかして押《お》しとどめなくてはいけない」という感じは出ていましたけど。あちらのほうが、我《が》が強くて止まらないのでね、出たがってくるので、それで困ってはいたとは思いますが。

ただ、親をバカにしたりすることはなくて、宏洋《ひろし》さんなんかより、はるかに親孝行で、親に対する感謝に満ちていた。あれだけしてもらって悪口を言うなんて、私なんかは信じられないですね。

質問者A　信じられないですよね。

中山みき　（私は）もっと何もしていない。ご飯《はん》をつくって洗濯《せんたく》した程度で、あとは、ほとんど何もしていないんですが、その親に対して、（総裁は）感謝をずっとし続けて、やっているので。このへんがね、そう簡単には分からないかな。

まあ、都会の人は欲張りなのかもしれないけどね。必ずあるパターンで、「豊かになったら堕落《だらく》する」ということで、子孫《しそん》が堕落する面はあったのかもしれませんけどね。

金運や事業家としての才能があった

中山みき　あとはもう一つ、仏陀《ぶっだ》と一緒だったかどうかは分からないけれども、たぶん、「金運」はある人だったと思います。

だから、今回も、そういう仕事をちょっとしていますけれども、要するに、「事業家としての才能があった」ということでしょうね。これについては、才能だからしかたがないけど、「ヘルメスという人が（魂《たましい》のきょうだいに）いたから、そうであったのかどうか」は私には分からないけれども、才能はあったと。

これは、ない人も多いので。思想家タイプの人には、まったくそれがなくて、パトロンを求めるタイプ？　お兄ちゃんなんかはそうで、「自分が哲学《てつがく》をやるから、おまえ、パトロンになれ」みたいな感じのところはありましたね。「親はパトロンになれなかった。おまえがなれ」みたいなところはあったけど、（総裁は）そうではなかった。そういう人ではなかったね。

あらゆる人から学んで〝肥《こ》やし〟に変えていく人

中山みき　だから、おばあちゃんとしては、八十七歳《さい》の悟《さと》りとしては、「なんで偉《えら》くなったかは、さっぱり分からん」というところですね。「自分で勝手に大きくなった」と言うしかないので、それ以外は……。

ただ、こちらから見ればねえ、小さいころから十八歳まで面倒《めんどう》を見ただけで、あとは放っておいたら、老後の面倒まで、いろいろ、いろんな人にやらしてくれているという。それを見れば、「できた息子《むすこ》だった」ということだけは分かる。出世したのも分かるけど、中身は、それは分からないわねえ。まあ、ばあちゃんにも宗教的なところがあったのかもしらんけど、でも、子育てをしていたときには出ていなかったと思う、それは。たぶん、出ていなかった。

でも、この隆法先生は、「あらゆる人から学ぶ」ところがある人なので、そうした田舎のじいさん、ばあさんから始まって、いろんな人、出会う人たちから学んでいく。

そういう意味で、仏教によくあるね、いろんな人に学んでいくようなところはある人で、本当は大したことのない、欠点だらけの人であっても、そんな人のいいところから学ぶし、欠点のなかからも、逆に、「ああ、こういうことをすれば、こうなるんだ」っていうことを学ぶというタイプの人ですね。

だから、「周りにいる人が、みんな〝肥《こ》やし〟に変わっていくような人ではあったのかな」というふうには思いますね。

「神様のことを批評できません」と語る中山みき

中山みき　もう、ばあちゃんとしては、これ以上言うことはできないんで、あとは、それは無理ですわ。神様のことを批評するのはできません。だから、親としては、もうお手上げなので、あとは応援《おうえん》する以外ありませんから。

「喉《のど》の痛いの、こっち来い」と言うぐらいしか、もうないし、「健康でありますように」ってお願いするぐらいしか、私には、もうできることは何もないので。

あとはもう、天上界《てんじょうかい》の、みな総がかりでの運命でしょ。私には、もう、それ以上は分かりません。

質問者Ａ　確かに、Ｂさんが言ったように、「普通に生きていて、息子さんが霊能力を開いて宗教を起こす」ということになると、お母さんだって、けっこう〝発狂《はっきょう》〟する人はいると思うんですけれども、ずっと先生を信頼《しんらい》され続けているのはすごいことだと思います。

中山みき　いやあ、それは「おかしくなった」って言われたよ、まあ、ちょっとね。近所からだって、「東大に行って勉強しすぎて、とうとう〝行っちゃった〟んだって」っていうのは、それくらいはちゃんと言われましたよ。それは言われたけどね。

だけど、それは最初のうちだけで、だんだんに、それは……。今、徳島県で知らない人はいないぐらい有名になっとるわね。

質問者A　すごく近くで見ていても、でも、それくらい信頼できるぐらいの人格が、先生にはずっとあられたんでしょうね、きっと。

中山みき　まあ、でも、ほかの人に対しては優しかったですよ。自分に厳しかったんじゃないですか？　自分に厳しいから余力があって、ほかの人に優しくて。だけど、自分に甘い人は、その先生の優しさが今度は仇《あだ》になって、ちょっとのぼせるようなところが出てきたんではないでしょうかね。

だから、宗教的悟りのなかでも、会社の時代の付き合いとかもいろいろあっただろうけど、最後はもう、「みんな、ついてこられない」と、それは見切っていたと思いますよ。だから、見切っていて、「一人で往《ゆ》くしかない」と、たぶん思っていたとは思いますけどね。

まあ、私が言えるのは、そんなところかなあ。

質問者Ａ　分かりました。はい。ありがとうございます。

大川隆法　ほかは……？

質問者Ａ　一時間十六分、話されているので、いったんこれで……。

大川隆法　ああ、そうですか。じゃあ、これでいったん止めましょうか。アイデアの段階ですね（手を二回叩《たた》く）。

質問者Ａ　はい。どうもありがとうございました。

「霊言現象《れいげん》」とは、あの世の霊存在の言葉を語り下ろす現象のことをいう。これは高度な悟《さと》りを開いた者に特有のものであり、「霊媒現象《れいばい》」（トランス状態になって意識を失い、霊が一方的にしゃべる現象）とは異なる。外国人霊の霊言の場合には、霊言現象を行う者の言語中枢《ちゅうすう》から、必要な言葉を選び出し、日本語で語ることも可能である。

また、人間の魂《たましい》は原則として六人のグループからなり、あの世に残っている「魂のきょうだい」の一人が守護霊《しゅごれい》を務めている。つまり、守護霊は、実は自分自身の魂の一部である。したがって、「守護霊の霊言」とは、いわば本人の潜在《せんざい》意識にアクセスしたものであり、その内容は、その人が潜在意識で考えていること（本心）と考えてよい。

なお、「霊言」は、あくまでも霊人《れいじん》の意見であり、幸福の科学グループとしての見解と矛盾《むじゅん》する内容を含《ふく》む場合がある点、付記しておきたい。

〈付録〉サム・ライミ監督守護霊《かんとくしゅごれい》の霊言《れいげん》

二〇一九年二月二十三日　収録

幸福の科学　特別説法堂《せっぽうどう》にて

サム・ライミ（一九五九〜）

アメリカの映画監督《かんとく》、映画プロデューサー、俳優。東欧《とうおう》系ユダヤ人。少年時代から映画に興味を示し、ミシガン州立大学に進むも中退、友人と映画製作会社ルネサンス・ピクチャーズを設立する。一九八三年、長編ホラー映画「死霊《しりょう》のはらわた」が予想を上回《うわまわ》るヒットとなった。以後、数々のホラー映画の傑作《けっさく》を発表。「ホラー映画の巨匠《きょしょう》」とも呼ばれる。また、映画「スパイダーマン1・2・3」は世界中で大ヒットとなり、ホラー映画以外でもその手腕《しゅわん》が評価されている。

［質問者二名は、それぞれA・Bと表記］

1　巨匠《きょしょう》サム・ライミ監督《かんとく》の守護霊《しゅごれい》に協力を仰《あお》ぐ

「フィクション性を入れ、ライバルを出す」というアイデア

大川隆法　サム・ライミ監督《かんとく》の守護霊《しゅごれい》、サム・ライミ監督の守護霊、よろしくお願いします。サム・ライミ監督の守護霊。

（約五秒間の沈黙《ちんもく》）

サム・ライミ守護霊　サム・ライミです。

質問者A　ありがとうございます。「夜明けを信じて。」というテーマで、「若き日のエル・カンターレ」から「降魔成道《ごうまじょうどう》」あたりまでを、どうにか映画化できないかということを考えておりまして、そのストーリーを考えるに当たり、お力添《ちからぞ》えを頂ければと思います。いかがでしょうか。

サム・ライミ守護霊　うん、うん。まあ、面白《おもしろ》いテーマだね。〝クモ男〟にならなくてもいいんだろうから、描《えが》き方は自由だね。

質問者A　はい。

サム・ライミ守護霊　そうだね。多少フィクション性を入れても、大きな流れを変えなければ、許されるんだろうとは思うので。そうでないと、二作目をつくるのは厳しくなるかもしれないからね。
うーん……、そうだね。今度はライバルか何か出したくなってきたね、私の感じとしては。一作目では出てきてないけど、ライバルか何かを出したくはなってくるねえ。そうだねえ。さあ、それを生かせるかなあ……。うーん……。
ただ田舎《いなか》から出てきて出世するだけじゃ、面白くない感じはするんですけどね。ライバルがどういうかたちで出るかだけど。

質問者A　確かに、比較《ひかく》する人がいると、観《み》ているほうとしては、主人公がどんな人なのかが分かりやすくなるかもしれません。

質問者B　例えば、どういう人をライバルにしますか。

サム・ライミ守護霊　ですから、今、旬《しゅん》のポイントである、「本当にこの世的に成功していく、成功・繁栄《はんえい》していくことなら、誰《だれ》にも負けないぞ」みたいなタイプの人は、ひとつ、ライバルとして置いてもいいかもしれないし。

その意味で、ヒロインを出すとしたら、ヒロインを今度、〝股裂《またさ》き〟にしてしまって、真理の世界に惹《ひ》かれていく人との……。分かりませんが。

何かちょっとね、いや、そういう人もありえるし。あとは、商社でもライバルが出てきてもいいかもしれないね。

質問者A　確かに、商社時代、先生はライバルだと思っていなくても、向こうは先生のことを、「こいつはライバルだ」と思っていた人はいると思います。

サム・ライミ守護霊　それは、いるよね。

質問者A　「この人を超《こ》えないと、俺《おれ》は出世できない」という感じに思っている人はいたでしょうね。

サム・ライミ守護霊　で、ちょっと、前作においては、「彼女を捨てるところ」がすっきりしてないし、また、講演会に駆《か》けつけていたりもしたから、まあ、二作目になりますと、少し変えたい感じはありますね。

ここはフィクションになるけど、この世的に成功するほうを向こう（ヒロイン）が選び取ったように見えて、（主人公が）活躍《かつやく》し始めたら、やっぱりググーッと、あちらも引っ張ってこられるような感じを出したほうが、胸にキュンとくる感じはあると思うんですけどね。

●**前作においては……**　前作「さらば青春、されど青春。」では、主人公と別れたヒロインが、ラストシーンで主人公の第1回目の講演会に駆けつけるという演出がなされていた。

洋の東西を問わず、〝ずれ違《ちが》い〟には永遠性がある

質問者Ａ　「スパイダーマン・シリーズ」のスパイダーマンは、ずっとヒロインのＭＪのことが好きだったんですけど、自分に与《あた》えられた使命、ギフトに気づいて、悪と戦っていくなかで、「彼女を巻き込《こ》んではいけない」と。

サム・ライミ守護霊　うん。

質問者Ａ　だから、その思いを一言《ひとこと》も言わずに、自分は使命に徹《てっ》してやっていて。最後、ずっと振《ふ》り向いてくれなかったＭＪが、ようやく振り向いてくれたときも、スパイダーマンは自分がずっと片思いしていたのに、「愛している」と言えずに、「友達でいよう」と。

そう言っているところを観て、毎回、総裁先生は共感されていました。

サム・ライミ守護霊　いや、その〝すれ違《ちが》い〟って、けっこう永遠性があるんですよね。洋の東西を問わず、そういうときの〝すれ違い〟ね。その人の「時」が違うんだよね。「時」が違うんだよね。その〝すれ違い〟はあると思うので。

まあ、豪華《ごうか》版でいくんだったら、確かに、「二人の女性の回想を重ねる」というのもあるけど、またそれだと、あれかな、女性のほうがはっきりしなくなっちゃうのかな。

2　描《えが》くべきは「内面の葛藤《かっとう》」

ヒロインを一人にするか、二人にするか

質問者B　昨日《きのう》、仏陀《ぶっだ》がおっしゃっていた（第一部 第1章参照）、「前作では、悟《さと》りの部分を描《か》けていなかった」というところで、もう少し、主人公の思考というか、心の内面を出したほうがいいのかなと思ったのですけれども。その女性視点との兼《か》ね合いをどうするかというのは……。

サム・ライミ守護霊　だけど、今起きている現象、目の前に転じている現象は、「女性の誘惑《ゆうわく》に勝てないで、真理を捨てて墜落《ついらく》していく人の現象」を、今、あな

たがたは見ているんじゃないの？　ね。

質問者A　総裁先生が選び取ったのとは違《ちが》う道を選び取っていく人たち。

サム・ライミ守護霊　「女性のほうを選ぶ」というのは、一つの象徴《しょうちょう》だけどね。男女差別になってはいけないけど、結局、「この世的な物質的な繁栄《はんえい》」や、本当に「この世的な意味での地位や名誉《めいよ》、名声」に、女性は惹《ひ》かれやすいですよ、はっきり言って。お金にもね、経済力にも惹かれやすいですよ。

だから、女性のほうを取りたければ、やっぱり、そちらのほうに引っ張っていかれて、真理から離《はな》れていくんですよね。仏教的に見てもそうだし、キリスト教的にもそうだよね。「このへんが、どううまく描《えが》けるか」というところはあるんじゃないかね。

女性を差別するつもりはないけどね。「アメイジング・スパイダーマン」のグウェンのように、最初からさっとスパイダーマンの使命を見抜《みぬ》いてくれるような女性はありがたいですけども、現実には、それだけの人は出てはこなかったんであろうからね。

まあ、ちょっと、ここは多少〝複合的なフィクション存在〟はいてもいいかもしれないけどね。

質問者B　今回、ヒロインの女性は一人にしますか。

サム・ライミ守護霊　さあ……。

質問者B　実際のモデルは二人いると思いますけれども。

質問者A　「どのあたりをいちばん重要なポイントとして描くか」というところはあるのかなと思います。どの時代をメインで描くか。

サム・ライミ守護霊　まあ、その俳優をどうするかによって、演技力に差が出るからね。大川総裁の気持ちになって「自分を演じてほしい人」となると、かなり厳しくなるところはあるね。そうとうあるだろうけれども。

質問者B　いないでしょうけどね。そんなに厳密にはいないと思いますけれども。

サム・ライミ守護霊　あまり淡々《たんたん》としすぎて葛藤《かっとう》が起きそうにもない人でも、困るところもあるからね。まったくツルンとしててもいけないんだろうけど。

まあ、でも、やっぱり、負けてはいけないので。ストーリーがあって、それに合わせた役どころを、やっぱり、練習してやってもらわなければいけないのかもしれないね。

降魔成道《ごうまじょうどう》のシーンでは「内面的な葛藤《かっとう》」を描《えが》く必要がある

質問者A　でも、ポイントは、「総裁先生は、若き日に何を選び取ってきたか。どんなことを捨てて、どんなことを選び取ってきたか」というところですよね。

サム・ライミ守護霊　前作で主演した人が「降魔成道《ごうまじょうどう》」を〝逆〟にやってるんじゃや、それは、やっぱり「映画の悟りが届いていない」ということになりましょうからね。ここを、もうちょっと明らかにしなければいけない面はあるかもしれませんね。

だから、単に貧乏《びんぼう》になることだけが悟りではないでしょ？　単に女性を捨てることが悟りではないはずだよ。このへん、勘違《かんちが》いしているかもしれないね。

質問者A　そうですね。表面だけでしか見れていないところが……。

サム・ライミ守護霊　そうそう、それは違う。それはちょっと違うところがあるようには思うな。だから、その「内面的な葛藤《かっとう》」の部分が描《えが》けなければ、確かに、意味はないでしょうね。

質問者B　スパイダーマンのシリーズは、確かに、女性の目線もあるし、主人公の葛藤もあるから、あのくらいのバランスで描くことはできるとは思います。

質問者A　あれは、かなり主人公の内面の精神性が出ていましたよね。

質問者B　あと、メイおばさん（スパイダーマンの叔母《おば》）の視点もあったから、「夜明けを信じて。」では、おばあちゃん（大川隆法総裁の母）の視点も入れられることは入れられます。

質問者A　「スパイダーマン」では、おじさんとかおばさんが、毎回ちゃんと決め台詞《ぜりふ》を言ってくれるんですよね。

サム・ライミ守護霊　スパイダーマンのあれはね、三部作でもね、別にセックスシーンなんて一個も出てこないんですよ。いや、ほんと。出てませんよ、何にもね。精神的なラブですよ。ほんとに精神的ですよ。まあ、キスまでですよね、精《せい》一杯《いっぱい》。そのキスが……、「スパイダーマンとのキスだったのは、どうだったのか」みたいなことが問題にされたりはしますけどね。

けっこう、アメリカン映画としては、すごく精神的なんですよ。

質問者A　本当にそうなんです。あれは、けっこうすごいですよね。総裁先生の「降魔成道」のレベルまでは行っていないけれども、先生が共感できるポイントが幾《いく》つもありますから。

サム・ライミ守護霊　自制する気持ちね、いろいろね。

質問者A　ヒーローの孤独《こどく》感とか、友達や家族、恋人《こいびと》と葛藤しつつも、自分に与《あた》えられた使命を果たさないといけないところとかですね。

自己実現を断念するところがないと「神の道」には入れない

サム・ライミ守護霊　うん。ピーター・パーカー（スパイダーマン）的に言えば、目の前の彼女を、この世的な派手な、いわゆる、何と言うか、みんなが見て、この世的に見て、かっこいいと思うようなやつが、かっさらっていくようなシーンが出て、苦しむ。そういうのがあってもいいと思うんですけどね。

質問者A　MJは、確かに、友達のオズコープ社のハリーと付き合いますし。

サム・ライミ守護霊　御曹司《おんぞうし》でしょ？

質問者A　そうです。御曹司とか、あと、宇宙飛行士とかですね（笑）。

サム・ライミ守護霊　もう、みんな名だたるあれですよね。女性にモテそうなタイプだよね。

質問者A　そういう人たちが〝かっさらって〟いくので。

サム・ライミ守護霊　自分（スパイダーマン）は、未来がまだ定《さだ》かでないんでしょ？　それは一緒《いっしょ》だと思うんですけどね。「未来が定まらない自分には、その権利がない」と思ってるし、「彼女を危険に巻き込《こ》みたくない」っていう、あれでしょ？　これは、たぶん共通してたと思いますよ。

総裁が経験したころは、まだ、そのスパイダーマンのシリーズはできてなかったけど、「その気持ちを味わっていた人がいた」ということではあるのでね。だから、その意味でのヒーローの面はある。

でも、これは、永遠に続くものでね。「欲望を完全に満たしながら、ただただ強い」っていうヒーローは、やっぱり、もうひとつ人気が出ないところがあるんでね、うん。

まあ、永遠のテーマではあろうけど、やっぱりどこかね、「普通《ふつう》なら自己実現を取りたいところを断念する」というところが入ってないと、東洋的でも西洋的でも、何て言うかなあ、「神の道」には入れないところはあるわなあ。

神様ってのは、結局ね、「自分のことよりも、人類の幸せのことを願っている人」なんですよ。そういうところがあるし、この世での幸せといってもね、「しょせん、この世は去っていく世界である」という、まあ、そういう自覚を持っているからね。

だから、「この世で不幸でもね、結果が世の中のためになるんなら構わない」

という気持ちは、やっぱりあるんだと思うね。

質問者A　スパイダーマンの〝覆面性《ふくめんせい》〟のところですね。

サム・ライミ守護霊　そうだね。

質問者A　誰《だれ》も自分の本当の姿を知らないけれども、自分が戦わなければいけないときには戦わなければいけない。でも、必ずしも称賛《しょうさん》だけでもないし、その姿を、「実は、自分がそうなんだ」とは誰にも言えない。

「ほかの男性に彼女を持っていかれるシーン」は入れたい

サム・ライミ守護霊　まあ、アベンジャーズであれば、「明確なヒーロー像」と

「敵」が出てきてやってもいいけど、それを、宗教的な悟りのほうでは、どういう……。まあ、「法難《ほうなん》」というのは、もちろんありえるだろうけどね。まあ……。そうだね、私が書き下ろして脚本《きゃくほん》に加わるとしたら、うーん……。必ずしも時系列的にはつくらない可能性はあるかもしれないね。

うーん……。そうだねえ……。

まあ、偉大《いだい》な宗教家の「目覚め」だから、そんなたやすいものではないとは思うけどね。うーん……。

やっぱり、この世的な条件を備えた男に持っていかれる部分のところの、ちょっと〝引き裂《さ》かれる心〟は、ぜひ一つ入れておきたい気がするなあ。

質問者A　確かに、そこも永遠のテーマですね。現実に、今も身近で起こっていると言えば起こっていますし、もちろん、先生の若いころも、周りにもそういう方がたくさんいたというか、そちらのほうが一般《いっぱん》的ですからね。

サム・ライミ守護霊　せっかく（質問者の）Ａさんなんかがいるんだから、もうフィクションに使わせていただいて。

質問者Ａ　いやいや。

サム・ライミ守護霊　彼女をね、「日銀で総裁になりそうな彼氏に惹かれているところを、あちらも両方引っ張られながら、日銀に行ってしまったが辞《や》めてくる」とかいうのにしたら、「おっ、新しいスタイルができちゃった」みたいになるかもしれないよ。どうだ？

質問者Ａ　いえいえいえ。結構です。

サム・ライミ守護霊　遠慮《えんりょ》ですか。

質問者Ａ　遠慮します（笑）。

サム・ライミ守護霊　遠慮しますか。惜《お》しいな。Ａさんが東大に受かっていたことにして。

質問者Ａ　でも、やはり、「涙《なみだ》を呑《の》んで、先生が一人、空手《くうしゅ》で立つところ」を、最後に描いたほうがいいのではないでしょうか。

サム・ライミ守護霊　今、H氏も空手で立ってるつもりでいるんでしょう？　それが困るわけです。

質問者A　でも、中身が全然違うから。〝真逆〟に行っちゃいましたね。

サム・ライミ守護霊　そこが、説明がね、主演して分からないようでは、やっぱりいけないいんでね。

質問者A　そうですね。でも、伝わっている方には、ちゃんと総裁先生の真意は伝わっていると思うんですけれども。

サム・ライミ守護霊　熱心な信者は分かるとは思うし、先生の愛も分かっているとは思うんだけどね。

3　サム・ライミが映画「夜明けを信じて。」をつくるなら

「どこまでフィクションにしていいのか」という問題

サム・ライミ守護霊　さあ、じゃあ、どう描《えが》こうかねえ。

質問者B　「降魔成道《ごうまじょうどう》」を描くなら、やはり、相手は商社の女性ということになるのでしょうか。大学時代の女性というよりは。

質問者A　となりますよね。

サム・ライミ守護霊　ただ、（前作と）同じパターンには、なってしまうのかね？

質問者Ａ　でも、ライバルとかは出てきてはいませんでした。

サム・ライミ守護霊　うーん……、そうねえ。君たちが、ＭＪとグウェンとどちらが好きかにもよるけどね（笑）。まあ、ＭＪ的女性は、どちらかというと〝前座〟のほうなのかもしれないがな。まあ、男に目覚める前の話なのかもしらんが。

質問者Ａ　まあ、でも、ＭＪ的な人でもいいのでは？

サム・ライミ守護霊　うーん、まあ、グウェンのほうは、手持ちの女優ではちょっと難しいかな。

質問者B　どういう話に設定するかにもよりますが、東大卒の女性だったら、グウェンのような人だと思います。

ただ、そういう人が商社に行くかは、ちょっと……。

サム・ライミ守護霊　なかなかかね。まあ、鋸《のこぎり》でね、人体を挽《ひ》いてしまうような私だからね、そんな、ちょっと、レベルが……。

質問者A　それか、「大学時代から好きだった」という設定にして、一人の女性にしてしまうという手はあると思います。

質問者B　一人の女性にする？

サム・ライミ守護霊　うーん。

質問者A　ある程度、中間ぐらいの女性、グウェンとＭＪの。

質問者B　では、大学時代に出会っていて、商社で一緒《いっしょ》になったというような？

質問者A　「ずっと純粋《じゅんすい》に、興味というか、惹《ひ》かれるところがあった」というほうが分かりやすいかなと思いました。

質問者B　「総裁先生の人生を、どこまでフィクションにしていいのか」という問題もありますけど、どうでしょうか。

質問者A そうか、確かに。

サム・ライミ守護霊 うーん、だから、実名で出る人がね、それを自分だと分からないようにしてほしい人が多いからさ。難しくてね、うん。

質問者B もしもサム・ライミさんが監督《かんとく》なら、ヒロインを一人にしますか？

「彼女とニューヨークで再会する」というシーンを入れたい

サム・ライミ守護霊 僕《ぼく》ならどうだろうね。隠《かく》していたけど、好きな彼女が、逆に何て言うか、ホラー的な心霊《しんれい》体験を起こしてしまって、とうとう隠し切れずに自分の本当の姿を見せてしまうっていうような感じのシーンを、ちょっとつくってみたいけどね。

彼女が何かそういう悪霊《あくれい》体験を受けてしまって、見せてはいけないものを、「もう、やむをえない」というかたちで見せてしまって、その結果、商社を辞《や》めて独立していくことにもなってしまうんだけど、彼女を救うことをやっぱり実践《じっせん》してしまって、結果、自分はだんだんエリートとしていられなくなっていくんだけど、それはそれで、「最後の執着《しゅうちゃく》」が一緒に、同時に切れるようなものかね？

そういうのでもいいかなという気がするんだけどね。

この前の作品だと、「彼女の目線」と「会社のほかの人の目線」は、そう大きな違《ちが》いがあったわけではなかったようにも見えるんだけどね。

だから、まあ、そうだね、どうしようかな。うーん……。

大学時代で恋《こい》に落ちかかったけど、いったん踏《ふ》みとどまって道が割れたけど、彼女が弁護士になって、企業《きぎょう》弁護士でこう、例えば、会社に入ってくるっていうあたりでもいいかもしれないけどね、確かにね。

質問者A　そうしたら、配役的には、早い段階で女性役の人も登場はできます。

サム・ライミ守護霊　できることはできる。何か、まあ〝偶然《ぐうぜん》〟をつくらなければいけないけどね。入ってこなきゃいけなくなる理由は、つくらなければいけないけどね。何かクロスする条件をつくらなければいけないとは思うんだけどね。

あるいは、ニューヨークで再会しちゃうなんてことも、何かあってもいいかもしれないんだけど。金がかかるか。

質問者A　はい。前回は（ニューヨークロケに）行っていませんので、今回も行かない可能性が高いです。

サム・ライミ守護霊　いや、今回は行くっていうことだってあるよ。

質問者A　そうしたら、さらに製作費がもうちょっと大きくならないと無理でしょう。

サム・ライミ守護霊　うーん……、ニューヨークはいい所だよ？

質問者A　でも、製作スタッフもついていくとなると、けっこうな費用になるのではないですか。

サム・ライミ守護霊　ニューヨークに行ったら大変なことになるな。

質問者B　部屋のなかのシーンとかならできますけれども。

質問者A　ああ、そうかもしれません。

質問者B　それに外の風景を合わせて、とかだったらいけますけれども。

質問者A　確かに。

悟《さと》りを開くに当たっては「幽霊《ゆうれい》が出てくるシーン」は使いたい

サム・ライミ守護霊　はあ……（ため息）。いや、難儀《なんぎ》ですね、なかなか。

この世的には可視化することが難しい部分が多いので。それはドラマにするのは、やっぱり、この世的な信用を持っていないと、ちょっと厳しいものはありますね。

まあ、「スパイダーマン」的に言えば、彼女が何かの用でニューヨークに英語の勉強か、アメリカの司法の勉強かに来ていたのが、犯罪に巻き込《こ》まれて路地裏かなんかで襲《おそ》われているところに出くわしてか、あるいは、地下鉄でそういうところに出会わせてっていうのから再会するあたりは、あってもいいのかなとは思ったりもするんだが。撮影費《さつえいひ》がかかりますか、それも。

質問者A　かかります（笑）。

質問者B　まあ、歌舞伎町《かぶきちょう》とかなら……（笑）。日本なら、まだ可能かもしれませんが。

質問者A　電車のシーンとかは、すごくかかりそうですよね。

サム・ライミ守護霊　そっか。金額が違うか。

質問者A　そうなんですよ。

サム・ライミ守護霊　でも、サム・ライミも、「三千五百万円でつくっていた人が二百億円の映画をつくれるか」という感じで言われたものですけどね。

でも、悟《さと》りを開くに当たっては、何と言うか、ホラーシーンというか、幽霊《ゆうれい》が出てくるシーンはやっぱり使いたいね、何かそういうものは。

質問者Ａ　確かに、事実を淡々《たんたん》と映画化しても、正直、「共感するところに行けるか」という問題もありますよね。「スパイダーマン」はヒーローものなのに、「ヒーローの主人公に、ヒーローではない観衆が共感できる」というところがすごいところではありますけれども。

サム・ライミ守護霊　だから、アメリカンヒーローはけっこうね、「普段《ふだん》は平凡《へいぼん》に見える人がね、ヘマだったりする、ドジだったりする人が、ヒーローになる」っていう、ここ一番のときには。そういうところが強みだ。

質問者Ａ　まあ、「総裁先生に共感できるか」といってもあれだけれども、「多少なりとも総裁先生の気持ちを、じんわり感じられるぐらいの何か」はあってもいいのかなと思っていました。

だって、聞いていると悲しいですよ。詳《くわ》しく聞くと、「そんなことまでいろいろと捨てて真理を説かれるというのは、大変だっただろうな」と……。

「今の奥《おく》さんを登場させる」という案はありえるか

サム・ライミ守護霊　うーん……。はあ……（ため息）。もうずいぶん時間がたってきたから、総裁自身の意識もね、だいぶ薄《うす》くはなってきているし、今の立場もそうとう変わっているからね。昔の気持ちでそのまま語れない部分が、今、あることはあるんだろうとは思うんだけどね。その当時は、もっともっと、もっと若く、貧しく……、何て言ったかな？　若くて貧しくて、無力だったはずだからね。描くのにも描けなくなってきているところはあるだろうね。
さあ、サム・ライミ、行き詰《づ》まりましたね。ええ、そうですね……。

質問者B　ニューヨークで再会するシーンは、路地裏などに設定しなければ、レストランとかなら可能ですよ。「何か困っているところを助ける」といった感じで再会するというのはできると思います。

サム・ライミ守護霊　じゃあ、今まで出していないエピソードを使う手もあるかもしれませんけどね。出していないエピソードで、ニューヨークみたいに金のかからないところを考えるという手はあるかもしれませんけどね。

そうだね……。もうここまで来たら、紫央《しお》さん（幸福の科学総裁補佐《ほさ》）的な人を出してしまってもいいんじゃないの？　面倒《めんどう》くさいから、もう。だって、ほかの人は責任を取ってくれないよね。

質問者A ああ、だから、その当時の人……。

サム・ライミ守護霊 出したら困る、正体がバレたら困るんでしょう?

質問者A と言われますからね。そこが面倒くさいというところはありますよね。

サム・ライミ守護霊 面倒くさいですよね。掘《ほ》れない。深掘りできないからさ。なんかね、紫央さん的な人を出してもいいような気がするんですが。もうフィクションだったら、今の奥《おく》さんにつながるようにつなげちゃっても。バイパスをつないじゃっても、まあ……。

質問者B でも、今の奥さんがヒロインになったら、「彼女を捨てて一人立つ」

ということができないのですけれども。

サム・ライミ守護霊　うーん……。実は「性同一性障害」の問題があって、男の友達だと思って付き合ったら女性だったとかいうのは駄目《だめ》?

質問者A　（笑）でも、確かに、「さらば青春、されど青春。」のときも、結局、「最後、その後がどうなったかは分からない」というニュアンスでは終わりましたよね。

サム・ライミ守護霊　もう分からなくなっているわけですから。

質問者B　（幸福の科学のことを）そんなに知らない人とかだと……。

質問者A　なるほど。

サム・ライミ守護霊　今来た人は、紫央さんがいることしか知らない人もいっぱいいいるから。これからそうなるから。

質問者A　そうでしょうか。

サム・ライミ守護霊　紫央さんがいることしか知らない。

一人二役で、顔のそっくりな女性を登場させる？

サム・ライミ守護霊　もうこうなったらね、先の恋人を死なせちゃったらいいんじゃないの？　そうしたらすっきりする。まあ、フィクションですけど。

質問者A　（苦笑）

質問者B　「死なす」……。

サム・ライミ守護霊　今日、観《み》たような映画でも、同じ人が一人二役を演《や》っていたでしょう？　まったくそっくりな人が出てくるんですよ。

質問者B　えっと、それは、どういう……。

サム・ライミ守護霊　精子バンクで眠《ねむ》ってた精子を使ってつくられた……。

質問者B　それはさすがにおかしいと思います（苦笑）。

質問者A　そういうことを言うとストーリーがおかしくなる（笑）。

サム・ライミ守護霊　いいところのあれだけど、跡継《あとつ》ぎがいないので……。

質問者B　「（前に好きだった人と）そっくりだから、また付き合う」ということになると、執着を断《た》っていないということになりませんか？

質問者A　執着を断っていないですね。あるいは、「やはり、顔が似ているからか」ということになってしまいます。

サム・ライミ守護霊　うん、そうだねえ……。はあ……（ため息）。

「主人公が自分の使命を選び取るところ」を描《えが》くべき

質問者Ａ　分かりました。映画「世界から希望が消えたなら。」の藤坂沙織《ふじさかさおり》さんのような感じで、もう何か統一人格をつくってしまう。

質問者Ｂ　そうしたら、やはり、大学時代から知っていて憧《あこが》れていた人と、何かのかたちでニューヨークでも再会したり、商社でも再会したりして……。

質問者Ａ　惹《ひ》かれ合うのだけれども……。

●映画「世界から希望が消えたなら。」の……　製作総指揮・大川隆法、2019年公開。藤坂沙織は、主人公の秘書の役名。

質問者B　惹かれ合うんだけど、いつもほかの男性が来たりとか何かがあって、最後は一緒になれないという。

質問者A　そうですね。そうそう、それで、ライバルがいるから、この世的ではない主人公の人格的な面がより分かるという。

サム・ライミ守護霊　ライバルがいるから、それに勝たないといけなかったのに、彼女の霊的な現象から彼女を救うために、自分の能力を、あるいは正体を見せてしまって、その結果、イモータルヒーロー（不死身のヒーロー）みたいになってしまう。……駄目か。

質問者A　でも、やはり、「主人公が自分の使命を選び取らなければいけない」

と思うんですよ。総裁先生がそうしているからです。

質問者B　結局、出てきた女性とは、最後は別れることになりますよね。

質問者A　そうそう。この世的ないろいろなことよりも、この世で普通の人が得たいと思うことよりも、「自分の使命を選び取らなければいけない」というところを描《えが》かなければいけないと思います。

だから、ライバルと競争したりしてもいいと思うんですよ。ただ、「そのライバルと主人公の心が全然違うところにある」というところは描き出さないといけないところですよね。そうすると、「総裁先生が、本当は何を思っていたか」という青春時代が描けるということですよね。

サム・ライミ守護霊　うーん……。ちょっとまだストーリーまでは行かないから、まだ呼んでいない大学時代の友達とかの（守護霊の）意見を、ちょっとずつ聞いてみたほうがいいんじゃないですか。

今はもう活躍《かつやく》は知っているでしょうから。今から振《ふ》り返って、どう見えたか。

あるいは、（総裁の）お兄さんがいるんでしょ？　そっちでも聞いてみたら。

ほかの人たちの意見も聞いてストーリーを練り込《こ》みたい

質問者B　サム・ライミさんの考えるアイデアを先に伺《うかが》ったほうがいいと思うのですけれども、何かおっしゃっておきたいこととかはありますか。

サム・ライミ守護霊　予算のところで言われると、本当にわれわれは仕事ができなくなるから。ほぼ不可能になっちゃうから。

質問者B　予算を考えないで考えるとするならば……?

質問者A　ニューヨークロケ……。

サム・ライミ守護霊　ニューヨークでなくても、それはいいですよ。「悟り」は、ニューヨークはあんまり関係がないので。ニューヨークは、「悟り」よりも「この世的な能力」を上げた場所ではあるので。「この世的な能力」ですよね。〝正反対〟のほうに、ある意味では行っていたわけで。

もう一つの意見としては、「そんなことはしないで、霊的に目が開けたのなら、さっさと宗教家になったほうがいい」と言う人もいるわけだからね。まあ、それは、それもあるんだよ。

質問者Ａ　でも、そのように言っていても、実際に生きていたら、やはり、みんなこの世に引っ張られていますから。実際に捨てたことがないから、そう言えるんですよ。

サム・ライミ守護霊　まあ、そうだねえ……。

質問者Ａ　では、サム・ライミさんとしては、その人たちの意見を聞いたあとのほうが、もう一回ストーリーを練りやすいということでしょうか。

サム・ライミ守護霊　うん。今はちょっと、ストーリーをつくれるところまで行かないので。新しい角度から、十分か十五分でもいいから、ちょっと二、三聞いて、女性のところも、もう一回、確認を入れて、時間を切って、あんまり長くなりすぎないようによく切って、ちょっと聞いたほうがいいんじゃないかな。

質問者A　はい、それでは終わります。ありがとうございます。

サム・ライミ守護霊　はい。

第二部　映画「夜明けを信じて。」楽曲《がっきょく》歌詞

〔第二部　映画「夜明けを信じて。」楽曲《がっきょく》について〕＊編集注

第二部に歌詞が収録されている楽曲《がっきょく》は、映画「夜明けを信じて。」の撮影《さつえい》開始に先行して、製作総指揮 兼《けん》 原作者である大川隆法総裁が作詞・作曲したものです。楽曲は、大川隆法総裁が天上界《てんじょうかい》からインスピレーションを受け取り、曲として完成させています。

これらの楽曲には、この世の欲望に振《ふ》り回されず、道をただ一筋《ひとすじ》に生き抜《ぬ》く主人公の境地をはじめ、登場人物の心情描写《びょうしゃ》や作品の世界観、映画の中心的な理念等が込《こ》められており、原作の一部として重要な役割を担《にな》っています。

映画『夜明けを信じて。』主題歌

ただ一人往《ゆ》く

作詞・作曲　大川隆法

それは、それは、とても厳しい道だった。
誰《だれ》も分かってはくれなかった。
身近な友も、身内さえも、恋人《こいびと》さえも、
誰も分かりはしなかった。
ただ一人往《ゆ》く、ただ一人往く。
その厳しさが誰に伝えられようか。
自分一人が自分を鍛《きた》え、鍛え、鍛え続ける。
この道をただ一人往く。

夜中の暗闇《くらやみ》を抜《ぬ》け出して、
きっと、DAYBREAK は来ると信じて、
ただ一人往く。
I am lonely. I feel loneliness.
I must go with myself.
ただ一人往くことの悲しさよ。

父も、母も、兄も、同僚《どうりょう》も、上司も、愛する人も、
私の背中が遠く小さくなっていくのを、
眺《なが》めるしかないよ。
自分が夜明けの暗闇の中で、
どこを彷徨《さまよ》い、どの道を歩み、どの川を泳ぎ渡《わた》って、
一体いかなる悟《さと》りの山を登るか、
私にさえも未来はまだ見えない。

ただ粘《ねば》り強く不撓不屈《ふとうふくつ》で生き抜くしかないんだ。
それだけがどうしても自分を信じなければ、
やり抜けない。
その気持ちだけが自分を励《はげ》まして、
やっぱり、夜明けに向かって進むしかない。
そうだ、必ず、日は昇《のぼ》る。
The sun shall rise again.
Ah Ah Ah…
私に夜明けがきっと迫《せま》っている。
Ah Ah Ah Ah…

映画『夜明けを信じて。』キャンペーンソング

たとえ世界を敵に回しても

作詞・作曲　大川隆法

男ならたとえ世界を敵に回しても、
戦わなければいけない時もある。
誰《だれ》の力も信じることはできない。
だって世界があなたの敵になって、
あなたの全てを否定してくるかも知れないのよ。

その時に何《なん》でもってあなたは戦い抜《ぬ》くの。
信じる心は目には見えない。

愛は壊《こわ》れやすく、夢は潰《つぶ》れやすいけど、けど、けど、
その中でやり抜くのよ。
男ならやり抜くのよ。
負けてはいけない。
使命があるのだから。
信じて、応援《おうえん》して、永遠に、
あなたを愛している人が、
宇宙のどこかにはきっといるわ。
でも、男ならそんなことは、
おくびにも出さずに戦うのよ。

たとえ世界を敵に回しても、
男ならやらねばならぬことがある。
それを示すことが人生を生き抜くということよ。

勇気、それもある。
気合い、それもある。
大胆《だいたん》さ、それもある。
不屈《ふくつ》の闘志《とうし》、それもある。
けれどもあなたが目指しているのは、
仏になる道でしょうから。

たとえ世界を敵に回しても、
あなたは戦い続けることよ。
この世の命を捨てても、悔《く》いはない。

たとえ世界を敵に回しても、
二度と愚痴《ぐち》は言わない。
前向きに倒《たお》れて、這《は》いずって、進んで行け。

男なら男なら。Ah Ah Ah Ah Ah Ah

映画『夜明けを信じて。』イメージソング

いかに千晶《ちあき》

作詞・作曲　大川隆法

いかに千晶《ちあき》
ぼくらもともに語りましょう
初夏の夕暮れ肩《かた》を組み
ぼくはカタカタ下駄《げた》ならし
きみもケタケタ笑いましょう

ぼくらはともに二十一
初めて出会った日のように

淋《さび》しさ知らず知らされず
悲しさ知らず知らされず
ふたりでケタケタ笑いましょう

たとえばきみの目がうるみ
一番星の映るころ
ぼくはこっそり風となり
きみの涙《なみだ》を拭《ぬぐ》いましょう

いかに千晶
ともに楽しく歌いましょう
いかに千晶
ともに親しくすわりましょう

たとえば農家の庭先で
縁台将棋《えんだいしょうぎ》にうち興《きょう》じ
負けたひとりがパタパタと
うちわで風を送りましょう
きみはいつでもわざと負け
ぼくはいつでも大いばり
蚊《か》にかまれてもやせがまん
ゲラゲラゲラと大笑い

いかに千晶
ともに静かに歩きましょう
きみの浴衣《ゆかた》の袖《そで》とらえ
ぼくはメルヘン語りましょう
けれどもきみはよそ見して

螢《ほたる》ばっかり見ています

いかに千晶
初夏の夕暮れ肩を組み
淋しさ知らず知らされず
悲しさ知らず知らされず
ぼくらもともに語りましょう
ふたりでともに笑いましょう

Oh Oh

映画『夜明けを信じて。』挿入歌

愛の償《つぐな》い

作詞・作曲　大川隆法

Ah 人を信じて生きることの、
この儚《はかな》さよ、この辛《つら》さよ、この空《むな》しさよ。
私一人の努力で、できるものならば、
この命を捨ててでも、
あなたのために尽《つ》くしたい。
何かをメラメラと、燃やしたい。
そんな私の女心《おんなごころ》が、
あなたの妨《さまた》げになるなんて、なるなんて、

私は自分を許せない。

Ah Ah Ah 愛の償《つぐな》いこそ、
私の選び取る道なんだと思う。
たとえこの身は、世界のどこにいようとも、
私の魂《たましい》は、
あなたの後ろであなたの進むべき道を指し示す。
決して私の幸福なんて、
二度と神にも祈《いの》らないわ。

だって、愛って捨てることだから。
あなたが悟《さと》りの道を歩むなら、私は何でも捨てるわ。
恋《こい》を捨てるわ。女を捨てるわ。この命を捨てるわ。
未来の希望さえも捨てて、

遥《はる》かな地球の果てで星を眺《なが》めるように、
あなたの未来を信じ尽くしたい。

愛の償い、それは私一人が知っていれば、
それで十分よ。
愛した私があなたの足枷《あしかせ》になるなら、
愛を捨てましょう。
それもまた一つの愛なんだと、信じたい。

Ah Ah Ah Ah 償いは終わらない。
一生、貫《つらぬ》いて、
あなたの未来が悟りに満ちますように。
祈る、祈る、捨てる、捨てる。
この両手から離《はな》して、

自由の空に飛び立って欲《ほ》しいのよ。
さよなら、恋する人よ。
さよなら、愛する人よ。
私は透明《とうめい》に空に消えていくわ。
Ah Ah Ah Ah

映画『夜明けを信じて。』挿入歌

I love New York

作詞・作曲　大川隆法

Ah ha ha… Ah ha ha…
This is the Big Apple.
I came here. This is the Big Apple.
Oh oh…
I love New York.
I love New York.

なぜなら、この地が私を変えたから。

地球に宇宙からスポットライトが、
当たっていると知ったならば、
ニューヨークにそのライトは、
必ず当たっているだろう。
八百万人の劇場がそこで展開される。
人生の浮《う》き沈《しず》みは必ずある。

しかし、アメリカ全土から立身出世《りっしんしゅっせ》を求めて、
野心に燃えた、野獣《やじゅう》のような心の人達が、
この都会のジャングルで、
戦いを繰《く》り広げている。
アジアから、アフリカから、
ヨーロッパから、オーストラリアから、
またニューヨーカーに加わって、

ジャングルの死闘《しとう》が繰り返される。
私はこのジャングルで生き抜《ぬ》かねばならない。
潰《つぶ》れるなら、潰れてしまえ。
プレッシャーに負けるなら、
お前はそこまでの男だ。

白人が怖《こわ》いか。
ハーバードが怖いか。
そんなことでこの街で生き残れると思うか。
白人の金髪《きんぱつ》美女が怖くてやってられるか。
男なら戦い抜いて、
破れても破れない心を持ち続けるのだ。
それがタイガー、お前の使命だ。
ジャパニーズ・タイガー、

お前はこの街を駆《か》け抜けるんだ。
エンパイア・ステート・ビルを駆け上《のぼ》って、
キングコングを打ち倒《たお》すんだ。

Ah Ah
ワールド・トレード・センター、世界一の時に、
お前はそのてっぺんから、
全世界を見下ろしていたはずなんだから。
負けるな、タイガー。
ジャパニーズ・タイガー。
お前は、お前は、吠《ほ》え続けるんだ。
この世で勝利して、それで終わりじゃない。
この世で勝利して、神への道を切り拓《ひら》くんだ。
神はお前を試《ため》される。

お前を蹴落《けお》とし、お前を突《つ》き落とし、
お前に強敵をぶつけるだろう。

しかし、生き抜け。
神への道を駆け上《のぼ》るために。
お前は決して負けるな。
行《ゆ》け、ジャパニーズ・タイガー。
己《おのれ》自身を知るということが、
最後の自信の根源《こんげん》になるんだ。

そして軽《かろ》やかに歌うんだ。
ワールド・トレード・センターのてっぺんで。
I love New York.
I love New York.

そして、かすかに微笑《ほほえ》んで、
君はそのまなざしを世界に向けるんだ。
Ah Ah Ah Ah Ah Ah.

映画『夜明けを信じて。』挿入歌

この風の声を聞かないか

作詞・作曲　大川隆法

きみよ
この風の声を聞かないか
この大寒《だいかん》の梅《うめ》ヶ丘《おか》に
どこからともなく吹《ふ》きあげて
恋《こい》の
ゆくえ知らぬ不安を告げる
この風の声を聞かないか

ほら
目に沁《し》みる名残《なご》り雪のうえを
吹き渡《わた》るのは
涯《はて》てしなく清楚《せいそ》な風
ああ
そこに何かが揺《ゆ》れている

Ah Ah Ah Ah
きみよ
ああ
愛というには幼《おさ》なすぎ
友情というには拙《つた》なすぎる
ぼくたちのこころを
揺さぶっているこの風を……

崇高《すうこう》な哀《かな》しみにも似た
涯《は》てしない感情を
どこからともなく運んでくる
この限りなく清浄《せいじょう》な風の声を……
ふたりで聞いてみないか

芽ぐむのは梅の木だけではないと
ひそやかに告げている
この風の声を
きみも聞かないか

あとがき

主として、三十年～四十年も前の回想を土台として、新しい作品は成り立っている。若き日の記憶と感性が消え去る前に、遅れてくる人たちのためにも、より正確で、本人も納得《なっとく》できるものを創《つく》りたかった。

ニューヨークで、ビートルズのジョン・レノンが暗殺されたのは一九八〇年の十二月だった。その直後に、私の霊眼《れいがん》が開け始め、一九八一年の三月に最初の大悟《たいご》があった。翌年の夏、商社マンとしてニューヨークに降り立った私は、アメリカの繁栄を象徴する今はなきワールドトレードセンターでジャパニーズ・タイガーとして戦った。「ジャパン・アズ・ナンバーワン」といわれた時代だ。ワールドトレードセンターはイスラムテロ（二〇〇一・九・十一）で既になく、今は、NYはコロナウィルスと戦っている最中だ。
後世《こうせい》への最大遺物《さいだいいぶつ》の一つとして、降魔成道《ごうまじょうどう》、大悟《たいご》、救世主《きゅうせいしゅ》として立つ、そのストーリーを再確認しておきたかった。未来への希望のためにも。

二〇二〇年　八月十五日

幸福《こうふく》の科学《かがく》グループ創始者兼総裁《そうししゃけんそうさい》　大川隆法《おおかわりゅうほう》

『映画「夜明けを信じて。」が描く「救世主の目覚め」』関連書籍

『太陽の法』（大川隆法 著　幸福の科学出版刊）
『黄金の法』（同右）
『永遠の法』（同右）
『幸福の法』（同右）
『幸福の科学の十大原理（上・下巻）』（同右）
『映画監督サム・ライミが描く光と闇』（同右）
『天理教開祖　中山みきの霊言』（同右）
『釈尊の霊言』（同右）
『直撃インタビュー 大川隆法総裁、宏洋問題に答える』
（幸福の科学総合本部 編　同右）

映画《えいが》「夜明《よあ》けを信《しん》じて。」が描《えが》く
「救世主《きゅうせいしゅ》の目覚《めざ》め」

——仏陀、中山みきの霊言——

2020年8月28日　初版第1刷

著　者　　大《おお》川《かわ》隆《りゅう》法《ほう》

発行所　　幸福の科学出版株式会社
〒107-0052 東京都港区赤坂2丁目10番8号
TEL(03)5573-7700
https://www.irhpress.co.jp/

印刷・製本　株式会社 堀内印刷所

落丁・乱丁本はおとりかえいたします

ISBN978-4-8233-0211-4 C0074
装丁・イラスト・写真© 幸福の科学

大川隆法ベストセラーズ・**現代に生きる救世主の姿**

真実の霊能者

マスターの条件を考える

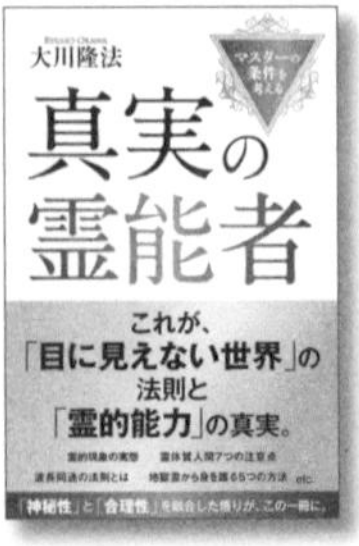

霊能力や宗教現象の「真贋《しんがん》」を見分ける基準はある――。唯物論や不可知論ではなく、「目に見えない世界の法則」を知ることで、真実の人生が始まる。

1,600円

宗教者の条件

「真実」と「誠」を求めつづける生き方

宗教者にとっての成功とは何か――。「心の清らかさ」や「学徳」、「慢心から身を護る術」など、形骸化した宗教界に生命を与える、宗教者必見の一冊。

1,600円

新復活

医学の「常識」を超えた奇跡の力

最先端医療の医師たちを驚愕させた奇跡の実話。医学的には死んでいる状態から"復活"を遂げた、著者の「心の力」の秘密が明かされる。

1,600円

漏尽通力

現代的霊能力の極致

高度な霊能力の諸相について語った貴重な書を、秘蔵の講義を新規収録した上で新装復刻！ 神秘性と合理性を融合した「人間完成への道」が示される。

1,700円

※表示価格は本体価格（税別）です。

大川隆法ベストセラーズ・地球神エル・カンターレの真実

太陽の法

エル・カンターレへの道

創世記や愛の段階、悟りの構造、文明の流転を明快に説き、主エル・カンターレの真実の使命を示した、仏法真理の基本書。14言語に翻訳され、世界累計1000万部を超える大ベストセラー。

2,000円

信仰の法

地球神エル・カンターレとは

さまざまな民族や宗教の違いを超えて、地球をひとつに──。文明の重大な岐路に立つ人類へ、「地球神」からのメッセージ。

2,000円

理想国家日本の条件

宗教立国のすすめ

人生の諸問題から政治・経済・国際問題まで、広汎なテーマを高次元的視点から語った「国家レベルのユートピア論」。日本の宗教立国を訴える警醒の書。

1,456円

観自在力

大宇宙の時空間を超えて

釈尊を超える人類史上最高の「悟り」と「霊能力」を解き明かした比類なき書を新装復刻。宗教と科学の壁を超越し、宇宙時代を拓く鍵が、ここにある。

1,700円

※表示価格は本体価格(税別)です。

大川隆法ベストセラーズ・クリエイティブの秘密に迫る

創造的人間の秘密

あなたの無限の可能性を引き出し、AI時代に勝ち残る人材になるための、「創造力」「知的体力」「忍耐力」の磨き方が分かる一冊。

1,600円

映画監督サム・ライミが描く光と闇

英語霊言
日本語訳付き

Deep Into “Sam Raimi”

闇を知ることは、光を知ることになる。映画界の巨匠が語る「悪霊」「憑依」「エクソシスト」、そして「神」。「スパイダーマン」シリーズからホラーまで、その創作の秘密に迫る！

1,400円

映画監督の成功術
大友啓史監督のクリエイティブの秘密に迫る

クリエイティブな人は「大胆」で「細心」？　映画「るろうに剣心」「プラチナデータ」など、ヒット作を次々生み出す気鋭の監督がその成功法則を語る。

1,400円

青春への扉を開けよ
三木孝浩監督の青春魔術に迫る

映画「くちびるに歌を」「僕等がいた」など、三木監督が青春映画で描く「永遠なるものの影」とは何か。世代を超えた感動の秘密が明らかに。

1,400円

大川隆法シリーズ・最新刊

幸福の科学の十大原理
（上巻・下巻）

世界110カ国以上に信者を有する「世界教師」の初期講演集が新装復刻。幸福の科学の原点であり、いまだその生命を失わない救世の獅子吼が、ここに甦る。

各1,800円

公開霊言　魯迅の願い
中国に自由を

今こそ、「自由・民主・信仰」の価値観を中国に──。中国近代文学の父・魯迅が、母国への憂国の想いを語る。秦の始皇帝・洞庭《どうてい》湖《こ》娘娘《ニャンニャン》の霊言を同時収録。

1,400円

台湾・李登輝元総統
帰天第一声

日本よ、再び武士道精神を取り戻せ！
香港、台湾、尖閣・沖縄危機が迫るなか、帰天３日後に霊言にて復活した「台湾民主化の父」からの熱きメッセージ。

1,400円

五島勉
「ノストラダムスの大予言」
発刊の真意を語る

かつて日本に世紀末ブームを巻き起こした「ノストラダムスの大予言」。その著者・五島勉氏が帰天後に語った、予言の真相、生前の使命、人類の未来とは？

1,400円

※表示価格は本体価格（税別）です。

大川隆法「法シリーズ」・最新刊

鋼鉄の法

法シリーズ 第26作

人生をしなやかに、力強く生きる

自分を鍛え抜き、迷いなき心で、闇を打ち破れ──。人生の苦難から日本と世界が直面する難題まで、さまざまな試練を乗り越えるための方法が語られる。

第１章　繁栄を招くための考え方
──マインドセット編

第２章　原因と結果の法則
──相応の努力なくして成功なし

第３章　高貴なる義務を果たすために
──価値を生んで他に貢献する「人」と「国」のつくり方

第４章　人生に自信を持て
──「心の王国」を築き、「世界の未来デザイン」を伝えよ

第５章　救世主の願い
──「世のために生き抜く」人生に目覚めるには

第６章　奇跡を起こす力
──透明な心、愛の実践、祈りで未来を拓け

2,000円

幸福の科学の中心的な教え──「法シリーズ」

好評発売中！

幸福の科学出版

人々の心を癒し、
魂を救済する音楽
大川隆法
Original Songs

映画「夜明けを信じて。」

3,000円　1,000円

キャンペーンソング
たとえ世界を敵に回しても

作詞・作曲 大川隆法
歌 大川咲也加
編曲 大川咲也加 水澤有一
発売 幸福の科学出版

1,000円

CD
主題歌
ただ一人往く

作詞・作曲 大川隆法
歌 田中宏明
編曲 大川咲也加 水澤有一
発売 ARI Production

1,000円

CD
イメージソング
いかに千晶

作詞・作曲 大川隆法
歌 TOKMA
編曲 大川咲也加 水澤有一
発売 ARI Production

1,364円

CD
挿入歌
愛の償い【特典DVD付】

作詞・作曲 大川隆法
歌 千眼美子
編曲 大川咲也加 水澤有一 田畑直行
発売 ARI Production

販売：幸福の科学出版

※表示価格は本体価格（税別）です。

幸福の科学グループのご案内

宗教、教育、政治、出版などの活動を通じて、地球的ユートピアの実現を目指しています。

幸福の科学

一九八六年に立宗。信仰の対象は、地球系霊団の最高大霊、主エル・カンターレ。世界百カ国以上の国々に信者を持ち、全人類救済という尊い使命のもと、信者は、「愛」と「悟り」と「ユートピア建設」の教えの実践、伝道に励んでいます。

（二〇二〇年八月現在）

愛

幸福の科学の「愛」とは、与える愛です。これは、仏教の慈悲《じひ》や布施《ふせ》の精神と同じことです。信者は、仏法真理をお伝えすることを通して、多くの方に幸福な人生を送っていただくための活動に励んでいます。

悟り

「悟り」とは、自らが仏の子であることを知るということです。教学《きょうがく》や精神統一によって心を磨き、智慧《ちえ》を得て悩みを解決すると共に、天使・菩薩《ぼさつ》の境地を目指し、より多くの人を救える力を身につけていきます。

ユートピア建設

私たち人間は、地上に理想世界を建設するという尊い使命を持って生まれてきています。社会の悪を押しとどめ、善を推し進めるために、信者はさまざまな活動に積極的に参加しています。

国内外の世界で貧困や災害、心の病で苦しんでいる人々に対しては、現地メンバーや支援団体と連携して、物心両面にわたり、あらゆる手段で手を差し伸べています。

年間約２万人の自殺者を減らすため、全国各地で街頭キャンペーンを展開しています。

公式サイト **www.withyou-hs.net**

自殺防止相談窓口

受付時間　火～土:10～18時（祝日を含む）

TEL **03-5573-7707**　メール **withyou-hs@happy-science.org**

ヘレン・ケラーを理想として活動する、ハンディキャップを持つ方とボランティアの会です。視聴覚障害者、肢体不自由な方々に仏法真理を学んでいただくための、さまざまなサポートをしています。

公式サイト **www.helen-hs.net**

入会のご案内

幸福の科学では、大川隆法総裁が説く仏法真理《ぶっぽうしんり》をもとに、「どうすれば幸福になれるのか、また、他の人を幸福にできるのか」を学び、実践しています。

入会　仏法真理を学んでみたい方へ

大川隆法総裁の教えを信じ、学ぼうとする方なら、どなたでも入会できます。入会された方には、『入会版「正心法語《しょうしんほうご》」』が授与されます。

ネット入会　入会ご希望の方はネットからも入会できます。
happy-science.jp/joinus

三帰《さんき》誓願《せいがん》　信仰をさらに深めたい方へ

仏弟子としてさらに信仰を深めたい方は、仏《ぶっ》・法《ぽう》・僧《そう》の三宝《さんぽう》への帰依を誓う「三帰誓願式」を受けることができます。三帰誓願者には、『仏説・正心法語』『祈願文《きがんもん》①』『祈願文②』『エル・カンターレへの祈り』が授与されます。

幸福の科学 サービスセンター
TEL 03-5793-1727
（受付時間／火～金：10～20時　土・日祝：10～18時（月曜を除く））

幸福の科学 公式サイト
happy-science.jp

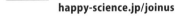

ハッピー・サイエンス・ユニバーシティ

Happy Science University

ハッピー・サイエンス・ユニバーシティとは

ハッピー・サイエンス・ユニバーシティ（HSU）は、大川隆法総裁が設立された「現代の松下村塾」であり、「日本発の本格私学」です。
建学の精神として「幸福の探究と新文明の創造」を掲げ、
チャレンジ精神にあふれ、新時代を切り拓く人材の輩出を目指します。

人間幸福学部　経営成功学部　未来産業学部

HSU長生キャンパス TEL **0475-32-7770**
〒299-4325　千葉県長生郡長生村一松丙 4427-1

未来創造学部

HSU未来創造・東京キャンパス
TEL **03-3699-7707**
〒136-0076　東京都江東区南砂2-6-5　公式サイト **happy-science.university**

学校法人 幸福の科学学園

学校法人 幸福の科学学園は、幸福の科学の教育理念のもとにつくられた教育機関です。人間にとって最も大切な宗教教育の導入を通じて精神性を高めながら、ユートピア建設に貢献する人材輩出を目指しています。

幸福の科学学園

中学校・高等学校（那須本校）
2010年4月開校・栃木県那須郡（男女共学・全寮制）
TEL **0287-75-7777** 公式サイト **happy-science.ac.jp**

関西中学校・高等学校（関西校）
2013年4月開校・滋賀県大津市（男女共学・寮及び通学）
TEL **077-573-7774** 公式サイト **kansai.happy-science.ac.jp**

仏法真理塾「サクセスNo.1」

全国に本校・拠点・支部校を展開する、幸福の科学による信仰教育の機関です。小学生・中学生・高校生を対象に、信仰教育・徳育にウエイトを置きつつ、将来、社会人として活躍するための学力養成にも力を注いでいます。

TEL 03-5750-0751（東京本校）

エンゼルプランV

東京本校を中心に、全国に支部教室を展開しています。信仰に基づいて、幼児の心を豊かに育む情操教育を行っています。また、知育や創造活動を通して、子どもの個性を大切に伸ばし、天使に育てる幼児教室です。

TEL 03-5750-0757（東京本校）

不登校児支援スクール「ネバー・マインド」

TEL 03-5750-1741

心の面からのアプローチを重視して、不登校の子供たちを支援しています。

ユー・アー・エンゼル！（あなたは天使！）運動

障害児の不安や悩みに取り組み、ご両親を励まし、勇気づける、障害児支援のボランティア運動を展開しています。

一般社団法人 ユー・アー・エンゼ

TEL 03-6426-7797

NPO活動支援

学校からのいじめ追放を目指し、さまざまな社会提言をしています。また、各地でのシンポジウムや学校への啓発ポスター掲示等に取り組む一般財団法人「いじめから子供を守ろうネットワーク」を支援しています。

いじめから子供を守ろうネットワーク

公式サイト mamoro.org　ブログ blog.mamoro.org

相談窓口 TEL.03-5544-8989

百歳まで生きる会

「百歳まで生きる会」は、生涯現役人生を掲げ、友達づくり、生きがいづくりをめざしている幸福の科学のシニア信者の集まりです。

シニア・プラン21

生涯反省で人生を再生・新生し、希望に満ちた生涯現役人生を生きる仏法真理道場です。定期的に開催される研修には、年齢を問わず、多くの方が参加しています。

全世界212カ所（国内197カ所、海外15カ所）で開校中。

【東京校】 TEL 03-6384-0778　FAX 03-6384-0779

メール senior-plan@kofuku-no-kagaku.or.jp

幸福実現党

内憂外患《ないゆうがいかん》の国難に立ち向かうべく、2009年5月に幸福実現党を立党しました。創立者である大川隆法党総裁の精神的指導のもと、宗教だけでは解決できない問題に取り組み、幸福を具体化するための力になっています。

党の機関紙
「幸福実現党NEWS」

幸福実現党 釈量子サイト **shaku-ryoko.net**
Twitter **釈量子@shakuryoko**で検索

幸福実現党 党員募集中

あなたも幸福を実現する政治に参画しませんか。

○幸福実現党の理念と綱領、政策に賛同する18歳以上の方なら、どなたでも参加いただけます。

○党費:正党員(年額5千円[学生 年額2千円])、特別党員(年額10万円以上)、家族党員(年額2千円)

○党員資格は党費を入金された日から1年間です。

○正党員、特別党員の皆様には機関紙「幸福実現党NEWS(党員版)」(不定期発行)が送付されます。

＊申込書は、下記、幸福実現党公式サイトでダウンロードできます。
住所:〒107-0052 東京都港区赤坂2-10-8 6階 幸福実現党本部
TEL **03-6441-0754** FAX **03-6441-0764**
公式サイト **hr-party.jp**

幸福の科学出版

大川隆法総裁の仏法真理の書を中心に、ビジネス、自己啓発、小説など、さまざまなジャンルの書籍・雑誌を出版しています。他にも、映画事業、文学・学術発展のための振興事業、テレビ・ラジオ番組の提供など、幸福の科学文化を広げる事業を行っています。

アー・ユー・ハッピー？
are-you-happy.com

ザ・リバティ
the-liberty.com

幸福の科学出版
TEL **03-5573-7700**
公式サイト **irhpress.co.jp**

THE FACT
ザ・ファクト
マスコミが報道しない「事実」を世界に伝えるネット・オピニオン番組

ザ・ファクト 検索

NEW STAR PRODUCTION

ニュースター・プロダクション

「新時代の美」を創造する芸能プロダクションです。多くの方々に良き感化を与えられるような魅力あふれるタレントを世に送り出すべく、日々、活動しています。 公式サイト **newstarpro.co.jp**

ARI Production

ARI《アリ》 Production《プロダクション》

タレント一人ひとりの個性や魅力を引き出し、「新時代を創造するエンターテインメント」をコンセプトに、世の中に精神的価値のある作品を提供していく芸能プロダクションです。 公式サイト **aripro.co.jp**

大川隆法　講演会のご案内

大川隆法総裁の講演会が全国各地で開催されています。講演のなかでは、毎回、「世界教師」としての立場から、幸福な人生を生きるための心の教えをはじめ、世界各地で起きている宗教対立、紛争、国際政治や経済といった時事問題に対する指針など、日本と世界がさらなる繁栄の未来を実現するための道筋が示されています。

2019年12月17日 さいたまスーパーアリーナ「新しき繁栄の時代へ」

2019年10月6日 ザ ウェスティン ハーバーキャッスル トロント(カナダ)「The Reason We Are Here」

2019年7月5日 福岡国際センター「人生に自信を持て」

2019年3月3日 グランド ハイアット 台北(台湾)「愛は憎しみを超えて」

2019年7月13日 ホテル イースト21東京「幸福への論点」

講演会には、どなたでもご参加いただけます。最新の講演会の開催情報はこちらへ。⟹ 大川隆法総裁公式サイト https://ryuho-okawa.org